Alphonse Tolenga

Conquêtes, requêtes et triomphe de l'Église au quatre premiers siècles

Alphonse Tolenga

Conquêtes, requêtes et triomphe de l'Église au quatre premiers siècles

Implications théologiques sur l'Église d'aujourd'hui

Éditions Croix du Salut

Imprint
Any brand names and product names mentioned in this book are subject to trademark, brand or patent protection and are trademarks or registered trademarks of their respective holders. The use of brand names, product names, common names, trade names, product descriptions etc. even without a particular marking in this work is in no way to be construed to mean that such names may be regarded as unrestricted in respect of trademark and brand protection legislation and could thus be used by anyone.

Cover image: www.ingimage.com

Publisher:
Éditions Croix du Salut
is a trademark of
Dodo Books Indian Ocean Ltd. and OmniScriptum S.R.L publishing group

120 High Road, East Finchley, London, N2 9ED, United Kingdom
Str. Armeneasca 28/1, office 1, Chisinau MD-2012, Republic of Moldova, Europe
Printed at: see last page
ISBN: 978-620-6-16905-5

Epigraphe

“L’Église étant, dans le Christ, en quelque sorte le sacrement, c’est-à-dire à la fois le signe et le moyen de l’union intime avec Dieu et de l’unité de tout le genre humain, elle se propose de mettre dans une plus vive lumière, pour ses fidèles et pour le monde entier… sa propre nature et sa mission universelle.” Lumen Gentium, § 1

“Et moi, je te dis que tu es Pierre, et que sur ce roc je bâtirai mon Église, et les portes du séjour des morts ne prévaudront point contre elle.” Matthieu 16:18

Dédicace

A Manza le Roy, je dédie cet ouvrage d'histoire de l'Eglise pour ses loyaux services et son amour toujours et déjà renouvelés envers ma modeste personne.

Remerciements

Je remercie toutes les personnes qui savent aimer les autres de façon désintéressée. Je pense au Monseigneur Nicolas Djoma Lola qui a bel et bien joué le rôle de véritable instrument de Dieu pour faire de moi quelqu'un. Je pense également au Reverend Abbe Mark Doherty, aux Professeurs Margaret Turek, Russell Hittinger, Dal Santo, Mark Shiffman, Kristen Kearns, Jeffrey Froula, Adrian Walker, Jennifer Donelson, Reverend Abbe Jerome Magat, a Madame Martha Sheridan et Grace Laxamana pour leur sans cesse loyaux services.

En outre, j'exprime ma cordiale gratitude à Mesdames Heidi Caramanzana et Carolyn Ruiz Hernaez pour leur savoir-aimer. A cette liste se joint les Reverends Abbes David Ongombe Taluhata, Sylvain Badibanga, Richard Ongendangenda Muya, Jean-Pierre Ekombo, Albert Shuyaka, Andre Olongo, Tharcisse Onema, Chabrey-Cordelie Malonga, Loic Baiza (Chercheur), Patrick Ilanga, et Samuel Baka (Noko); le couple Blanca et Miguel, le couple Lynne et Dow Wilson, le couple Matthieu et Carmen Horwitz, Bruno Shiffman, Mitch et Lynn Carey, Jeff Yano, Josh Lesan et tant d autres. Que Dieu de qui ils ont appris l'amour les récompense au centuple.

Introduction générale

A travers les lignes de cet écrit, nous voudrions parler « histoire de l'Eglise ». Il s'agit bel et bien du Christianisme dans ses origines. Nous voulons nommer ici les quatre premiers siècles de l'Église chrétienne antique. Certes, nous voulons y voir les conquêtes et triomphe qu'a connus l'Eglise du Christ dans ses fondements et les implications théologiques que cela peut avoir sur nous chrétiens d'aujourd'hui. Tenez, lorsque nous parlons des conquêtes, nous ciblons les persécutions qu'a connues l'Église en l'an plus ou moins 33 ap JC, depuis Jérusalem au premier siècle Ap JC jusqu'à leur sommet à Rome et leur fin par l'édit de Milan en 313, au quatrième siècle. Cet Édit a conféré à l'Église son triomphe : fin des persécutions et liberté chrétienne. Tel est notre problème. D'où cette œuvre se nomme Conquêtes, requêtes, et triomphe de l'Eglise aux quatre premiers siècles. Implications théologiques sur l'Eglise d'aujourd'hui.

Mais quelles seraient les retombées ou les implications théologiques de ces conquêtes et triomphe de l'Eglise antique, dont nous venons de parler, pour nous aujourd'hui ? Savons-nous encore nous sacrifier aujourd'hui pour la cause du Christ à l'instar de ces chrétiens de l'antiquité ? Pouvons-nous encore triompher l'Eglise du milieu d'abondantes nouvelles persécutions qu'elle connait a l'heure qu'il est, surtout des persécutions des sectes et de la nouvelle éthique postmoderne aux antivaleurs sans trêve ? Répondre à ces questions se voudra l'objet de l'hypothèse de cet ouvrage. Mais il convient d'abord de signaler l'intérêt de cet écrit avant son hypothèse.

Loin de toute prétention, mais il s'avère que cet écrit se veut pertinent et se révèle d'un grand intérêt pour tout chrétien. Il s'agit de connaître d'où l'Eglise vient, les dures épreuves dont elle est issue, son triomphe et toutes les implications théologiques que tout ce passé du Christianisme peut avoir sur nous les chrétiens d'aujourd'hui. Question d'application de ces conquêtes et essor de l'Eglise antique pour nous les chrétiens de ce temps du court.

Pour le réitérer, le problème de notre écrit consiste à brosser les conquêtes et triomphe qu'a connus l'Eglise antique et se questionnant finalement sur des implications que cela puisse avoir dans le chef des chrétiens d'aujourd'hui. Certes, ces retombées de l'Eglise antique bien que pas totalement mais sont aussi vécues dans l'Église actuelle. Parce que beaucoup persécutée, l'on sait voir au cours de ce temps certains de dignes fils et filles de l'Eglise, qui la défendent jusqu'à verser leur sang a l'instar des chrétiens de l'Antiquité. Cela se fait voir partout dans le monde ou l'on entend les échos de divers chrétiens retentir, lorsqu'ils défendent le Christ protestant par exemple contre l'homosexualité dans sa double facette, avortements, suicide volontaire et toutes ces pratiques antivaleurs de la morale post moderne anti chrétienne. Mais ce combat s'est mené aussi et surtout à bras-le- corps en Afrique ou nous avons vu les martyrs noirs d'Ouganda, Isidor Bakanja et Anuarite Nengapeta, voire les chrétiens en marches sans cesse à Kinshasa en 2018, et mourir pour la noble cause du Christ ; la mort du chrétien catholique Rossy Mukendi est fraiche dans nos mémoires. A cela rappel les implications sans trêve de l'épiscopat congolais sur le social de la RD Congo.

Trois chapitres forment la charpente mieux l'épine dorsale de cet écrit d'histoire. Le premier se nommera « Les Conquêtes de l'Église au quatre premiers siècles". Ce chapitre nous mettra en lumière, les luttes, les conquêtes, requêtes auxquelles l'Eglise antique s'était lancée afin d'avoir une voix, un espace et des persécutions que cela lui aurait values avant son triomphe. Ces conquêtes, le dirons- nous, auront commencé depuis le monde juif, grec et jusqu'à leur pinacle à Rome où St Pierre et Paul connurent le sacrifice suprême. Cela aura une fin momentanée avec l'édit de Milan, œuvre de la bienveillance de l'Empereur Constantin, Fils d'une chrétienne. Cela s'entend, le deuxième chapitre de ce travail sera baptisé « Triomphe et début de l'essor du christianisme naissant » Ce chapitre va nous mettre en vedette le moment de la renommée, du triomphe ou de l'essor de l'église du Christ, fruit de l'édit de Milan.

Devenue libre et autonome, l'Eglise aura mis sur pied les éléments de sa doctrine. Parmi ces divers éléments de la doctrine chrétienne, surtout dans sa phase catholique, nous analyserons la doctrine de l'Incarnation, de la Trinité, pour ne citer que cela. Cependant, ces éléments de la doctrine chrétienne catholique seront mis à mal par d'énormes hérésies et la nouvelle persécution du christianisme. Ces hérésies christologiques et trinitaires secouèrent l'Eglise du Christ sur bien des dimensions. Heureusement l'Eglise avait de justesse convoquée beaucoup de Conciles œcuméniques pour remédier à ce malaise des hérésies.

Mais l'on se demandera finalement le bien-fondé ou les implications de ces anciennes conquêtes de l'Église et son triomphe pour nous aujourd'hui. Est-ce que ce passé de l'Eglise peut servir de modèle pour les chrétiens d'aujourd'hui ? L'Eglise du Christ a-t-elle encore aujourd'hui des chrétiens qui acceptent même le sacrifice suprême de leur propre vie pour témoigner du Christ à l'instar des chrétiens de l'Antiquité ? Ce Christianisme, dans ses diversités, va-t-il cessé d'être persécuté ? Répondre à ces questions se voudra l'objet du dernier chapitre de cet ouvrage d'histoire.

Le dernier chapitre de notre labeur d'histoire sera nommé « Les implications théologiques des conquêtes et essor du christianisme pour nous aujourd'hui ». Ce dernier moment questionnera premièrement si le christianisme a cessé d'être persécuté aujourd'hui. Ou mieux, les chrétiens ont-ils cessé leur combat d'être des témoins du Christ au monde ? Avons-nous encore des chrétiens qui meurent pour le Christ aujourd'hui ? Notre prochaine réponse à l'interrogation sera plus affirmative. Les chrétiens du monde voire ceux de l'Afrique continuent de défendre le Christ jusqu'au martyre. Les martyrs noirs de l'Ouganda, d'Isidor Bakanja et Anuarite Nengapeta sans reléguer au voile de l'oubli les chrétiens morts et flagellés à Kinshasa lors des marches en 2018, en constituent ces témoins à la suite des chrétiens de l'Antiquité. Et nous savons que le combat du Christianisme continue car l'église ne s'est jamais tue devant les déviations de la mauvaise morale post moderne qui est remise encore et toujours au rabais.

En effet, vivant dans un monde où les antivaleurs deviennent valeurs, le Christianisme continue son combat. Mais la seule force voire arme qui aidera le chrétien à tenir tête haute au milieu de ces nouvelles persécutions de ce monde est son unité. Qu'elle revive sa communion des origines à l'instar des membres de la première communauté chrétienne et cela malgré les divergences d'aujourd'hui au sein du Christianisme.

Pour réaliser cette œuvre d'histoire, une méthode analytique m'aidera à analyser *L'histoire de l'église* de Dom Guy Marie OURY et *Les Premiers siècles de l'église* de Jean BERNARDI. Ce procédé aura trois niveaux selon le schéma de la méthode de l'école théologique de Kinshasa ou j'ai appris à réfléchir théologie. C'est pour autant dire que nous analyserons premièrement ce que ces auteurs cités nous disent du passé de l'Eglise selon leur contexte. C'est ce que l'école théologique de Kinshasa aime bien nommer Contextualisation. Chemin faisant, nous décontextualiserons (Décontextualisation) ce contexte de l'auteur en l'appuyant ou en les étayant par d'autres sources qui appuient justement ce contexte. Enfin, nous chercherons à voir les implications de ce contexte d'histoire d'Eglise pour nous aujourd'hui. C'est-à-dire nous appliquerons ce contexte du passé de l'Eglise dans l'Eglise d'aujourd'hui pour voir si les chrétiens d'aujourd'hui peuvent encore témoigner du Christ jusqu'au sacrifice suprême à l'instar des chrétiens de l'Antiquité. Cela n'est-il pas une recontextualisation ?

Le terrain ainsi déblayé, il est temps d'entrer en matière.

CHAPITRE I : CONQUÊTES DE L'ÉGLISE AUX QUATRE PREMIERS SIÈCLES

0.1. Introduction

Ce premier chapitre de notre travail voudrait mettre en vedette les conquêtes qu'a connues l'Église avant de gagner le monde chrétien entier. En effet, après la mort et la résurrection du Christ, les apôtres vont chercher à conquérir le monde de la bonne nouvelle de ce Christ ressuscité, afin de répandre, telle une traînée de poudre, cette bonne nouvelle de la résurrection de notre Seigneur Jésus Christ. Ces conquêtes se sont exercées sur divers lieux.

1.1. Lieux des conquêtes

1.1.1. L'Eglise des Apôtres chez les Juifs et les Gréco-Romains

Nous sommes à l'an 30 au premier siècle AP. J.C. 50 jours après la résurrection de notre seigneur Jésus, survint une vague de propagateurs les plus imbus des valeurs évangéliques, mieux la nouvelle de la résurrection du christ, lui qui proclamaient Messie et Fils de Dieu et donc Dieu.

Dans la même envolée d'idées, Dom Guy-Marie OURY le dit bien en ces termes : « ...subitement, sept semaines après Pâques, les membres du petit groupe des galiléens s'étaient réunis en autant des prophètes et annonçaient avec conviction que Jésus était bien le Messie attendu, le Fils de Dieu, le Rédempteur d'Israël, que YAHVÉ l'avait ressuscité d'entre les morts et que maintenant, exalté à la droite de Dieu, il avait reçu le Saint-Esprit objet de la promesse et l'avait répandu » (Actes :2 :33)[1]

En effet, il est légitime de signifier qu'en ce premier lieu de conquête de l'église, il y avait deux lieux à conquérir par les apôtres et les disciples pour

[1] Dom G-M OURY, *histoire de l'église, Solesmes, Abbaye saint pierre solesmes,1978, p.7.*

répandre, telle une traînée de répandre, la bonne nouvelle du Christ ressuscité et Messie de Dieu. Primo c'était le monde juif, secundo, le monde gréco-romain.

1.1.1.1. A la conquête du monde juif

Après la Pentecôte, avec bravoure sans trêve, les apôtres et les disciples du Christ ont commencé à annoncer sa résurrection au monde Juif à Jérusalem et ailleurs, avec Pierre à la tête. Dans cette lancée, L.-J. ROGIER écrit : « Après la pentecôte commence l'annonce de l'évangile par les apôtres, et en particulier par pierre, qui parle au milieu d'eux et en leur nom. »[2] Fruit de beaucoup de sacrifices, les apôtres et disciples ont tenu le coup pour faire asseoir l'église du Christ.

En effet, l'élan à continuer bien que les autorités juives voulaient l'arrêter. Des assemblées se sont constituées beaucoup et le chiffre des croyants abondait sans cesse. A propos, nous paraphrasons OURY si bien dans cette suite : Aux yeux de tous, le chef de la nouvelle secte était Pierre un pêcheur de Galilée, qui, le jour du procès de Jésus, avait fait preuve de couardise. Autour de lui se pressait une dizaine d'hommes, les Apôtres qui faisaient figure de témoins de la vie du Christ, et dont le plus marquant était un jeune homme du nom de Jean. En dépit des conseils de Gamaliel, les autorités juives firent leur possible pour entraver l'action des disciples de Jésus. En vain ; le mouvement ne cinquante jours après la fête de Pâque de l'an 29 ou 30 se révélait trop puissant pour être contenu ; sa poussée était irrésistible. Des « assemblées » se constituaient à Jérusalem et dans les chefs-lieux des environs ; les nouveaux adeptes étaient invités à faire pénitence et à recevoir le baptême ; ils continuaient à pratiquer les observances judaïques mais écoutaient assidûment les enseignements des douze Apôtres, écho de ce qu'avait prêché le Maître, de ce qu'il leur avait appris sur sa personne, sa mission et sa doctrine. Chaque semaine, au lendemain du sabbat, les croyants se réunissaient pour commémorer la Résurrection de Jésus et, au terme d'une

[2] L.-J. ROGIER, *Nouvelle Histoire de l'Eglise, paris, Seuil,1963, p.33.*

liturgie composée de lectures, d'homélies, de chants, célébraient une Eucharistie qui reproduit les gestes du Christ au dernier repas pascal pris avec ses disciples. Un Apôtre ou un chef de la communauté prononçait sur le pain et le vin les paroles du Christ au cours d'une prière d'action de grâces, et l'assemblée y communiquait[3]. Les chiffres donnés par les Actes attestent une progression continue de la communauté des croyants : trois mille au lendemain de la Pentecôte : « Il s'adjoint ce jour là environ trois mille âmes »(Actes 2, 41)[4], puis cinq mille en ne comptant que les hommes ; parmi eux il y avait un bon nombre de juifs appartenant à la tribu sacerdotale de Lévi (« une multitude », lit-on en Actes 6, 7) et beaucoup hellénistes, c'est-à-dire de juifs ayant vécu hors de Palestine et parlant habituellement en grec.

Cependant, cette poussée d'évangélisation sans trêve ne se limite pas seulement à Jérusalem. Elle va vouloir s'étendre jusqu'au monde gréco romain afin d'atteindre le monde entier, car Rome étant la capitale du monde et grande puissance de l'ère. Cela s'entend, voyons cet élan des Apôtres au monde gréco romain

1.1.1.2. A la conquête du monde Gréco-Romain

Sans se lasser, les apôtres se sont donnés à conquérir aussi le monde gréco-romain, afin d'y propager la bonne nouvelle de la résurrection du Christ, le Messie de Dieu, venu sauver le monde. Mais l'on se rappelle bien, le monde gréco-romain était un monde païen à l'entendement des juifs autochtones. Cela à fait en sorte que certains apôtres au départ ont hésité d'intégrer les membres gréco-romains à la communauté pour la bonne propagation de l'évangile en ce

[3] Cf. Dom *G. m OURY, Op* Cit., p. 8-9

[4] Cf. *La Bible de Jérusalem*, paris, Cerf/Verbum Bible, 1988, 1575, p.8-9.

monde. Mais St Pierre imbu de l'Esprit Saint décida de les intégrer disant qu'ils sont devenus aussi détenteurs de l'Esprit Saint.[5]

Cela avait bien confirmé l'universalisme du salut apporté par le Christ dont parlaient les prophètes. Dans cette même lancée, OURY écrit : « L'universalisme du salut apporté par Jésus de Nazareth et affirmé dans son enseignement trouvait appui de nombreux passages des anciens prophètes d'Israël ; mais les douze encore imbus des préjugés du Judaïsme, n'en réalisèrent pas tout de suite la portée ; il fallut le souffle de l'Esprit pour faire voler en éclats les barrières du particularisme juif. Pierre prit conscience du fait qu'en sa présence, des païens de Césarée bénéficient d'une manifestation de l'Esprit analogue à celle de la pentecôte ; il se détermina alors à les intégrer à la communauté ».[6]

En effet, les principaux artisans de l'expansion du christianisme au monde païen furent Paul de Tarse et Pierre, mais surtout Paul. C'était un pharisien de la dispersion. Jeune homme pieux et imbu des écritures, il était venu parfaire ses études rabbiniques à Jérusalem à l'école de Gamaliel.[7] Bien qu'il était citoyen romain pour les services rendus par sa famille, mais était un juif de la tribu de benjamin. Au départ persécuteur des judéo chrétiens, il est devenu par la suite un propagateur, le plus imbu des valeurs évangéliques au monde païen.

Après avoir rencontré le Christ sur la route de Damas, il a passé trois années de retraite, puis est venu à Jérusalem et fut présenté aux Apôtres par Barnabé. De retour à Tarse selon la recommandation de l'Esprit Saint, il y prêche la parole de Dieu sans répit et commence ses voyages avec Barnabé. OURY le dit si bien en ces termes : « Il était depuis deux ans à Tarse, prêchant la foi avec quelques succès, quand Barnabé vint le chercher, jugeant qu'il valait la peine

---

[5] Cf. Le concile de Jérusal*em en 49*

[6] *Ibid.,* p. 10

[7] Cfr *Ibid*

d'employer sur un plus vaste théâtre ce prosélyte de grand avenir. De concert, ils se rendent à Antioche, la grande cité, et y travaillent pendant une année. Puis, sur une indication de l'Esprit Saint signifiée aux membres de la communauté, Barnabé et Paul entreprirent le premier des grands voyages apostoliques à travers le monde grec. En ce premier voyage, les deux compagnons annoncèrent l'évangile en Chypre où ils convertirent le proconsul romain Sergius Paulus, puis sur la côte méridionale de l'Asie mineure, à Pergé, Iconium, Lystres et derbé »[8]

En effet, Saint Paul a pu réaliser un travail de titan propageant la bonne nouvelle du salut. D'ailles jean Bernardi croyait assez le dire lorsqu'il écrit : « Il n'en reste pas moins que c'est l'activité des saint Paul qui illustre le mieux l'effort missionnaire intense des premières années » [9]

En sus, cet élan de prêcher l'évangile du christ au monde païen est connu ainsi. L'impulsion de Saint Pierre. Après son kérygme à Jérusalem, on le voit à Rome prêchant la bonne nouvelle de la résurrection de Jésus. La présence de pierre à Rome n'a l'ombre d'aucun doute. C'est une évidence historique. Beaucoup de documents dignes de foi l'attestent sans supercherie. Déjà une de ses lettres écrites de Rome aux chrétiens du nord de l'Asie mineure le dit bien. Clément de Rome (96) comme Ignace d'Antioche l'attestent à foison. OURY l'exprime bien en ces termes : « Dans une lettre, Saint Pierre s'est adressé aux chrétiens du Nord de l'Asie mineure qu'il avait dû évangéliser lui-même ; or, cette épitre dont l'authenticité est admise par la critique, a été écrite de Rome…D'autres attestations de la venue de pierre à Rome existent. La lettre de Clément de Rome écrite vers l'année 96, place pierre au premier rang des martyrs qui ont subi leur supplice dans la ville ; vers l'an 107, Ignace d'Antioche se réfère également au martyre subi à Rome par Pierre et Paul ; il semble que l'on trouve un écho de l'événement dans l'apocalypse. Ultérieurement, les témoignages ne

---

[8] *Ibid.*

[9] J. BERNADI, *Les premiers siècles de l'Église, Paris, cerf,1987, p.31.*

laissent place à aucune ambiguïté ; les récentes fouilles de la basilique Vaticane ont apporté une confirmation (...) explicite pour (...) considérer la venue de Pierre à Rome comme une certitude historique »[10]

Cela s'entend, par cet élan sans cesse renaissant des apôtres et disciples, depuis Jérusalem jusqu'à Rome, la bonne nouvelle s'est répandue telle une traînée de poudre au monde entier. OURY le dit explicitement en ces termes : « Trente ans après la mort de Jésus la bonne nouvelle du salut est donc parvenue dans toutes les grandes villes du monde gréco-romain ; le bassin Oriental de la Méditerranée est entouré d'une couronne de communautés chrétiennes pleines de dynamisme, animées de l'allégresse de la Résurrection et d'une foi conquérante. Rome elle-même a été évangélisée par les deux personnalités les plus marquantes de la nouvelle religion : pierre et Paul.

Cependant, chaque médaille a son revers, dit-on. Cette activité audacieuse des apôtres et disciples du Christ, proclamant tambour battant le Christ ressuscité et Messie, ne les laissera pas impunis. Ils seront tour à tour châtiés voire tués par les autorités tant juives que romaines. Déjà le signal fort en avait été déjà donné par la lapidation d' Etienne en 36 et l'exécution de Jacques en 62,qui dispersa même les apôtres de Jérusalem : « la lapidation du diacre Etienne et le déchainement par Hérode-Agrippa, devenu roi de la Palestine, d'une première persécution qui fait une victime dans le collège apostolique, Jacques « le majeur » frère de Jean, oblige la communauté de Jérusalem à se disperser momentanément et provoque une première expansion de la doctrine nouvelle dans les campagnes de Judée, de Samarie, puis au-delà de la Palestine, en Phénicie, à Chypre, en Syrie, à Damas et dans les grande ville d'Antioche »[11]

[10] *Dom G-M OURY, Op cit, p. 13*

[11] *Ibid.*, p.8

Et Saint Pierre à Rome, s'adressant aux chrétiens du Nord de l'Asie mineure qu'il avait évangélisés, le les avait déjà avertis. OURY paraphrase St Pierre de cette façon : De rudes persécutions s'annoncèrent (…), la foi va être mise à l'épreuve comme l'or dans la fournaise : il faut veiller : le diable rôde comme un lion rugissant, cherchant quelqu'un à dévorer[12]. En effet, ce climat évoqué par cette épître de pierre est celui de la persécution de Néron qui s'annonce prochaine.

Ce qui précède s'entend bien. Dans cet élan flamboyant de la nouvelle église, la grande épreuve des persécutions de chrétiens s'annonce, mieux profile à l'horizon. Accusés tous azimuts, les chrétiens vont mourir dans toutes les directions. C'est l'objet du point suivant.

1.1.2. La grande épreuve des persécutions

Il n'est pas de trop lorsqu'on réitère que dès le premier siècle, la religion chrétienne fut foisonnante. Par l'élan missionnaire, sans cesse renaissant des Apôtres et de leurs disciples, la bonne nouvelle du Christ ressuscité était répandue presque dans tout le monde gréco-romain à prédominance païenne. Cela a suscité bel et bien la jalousie des autorités romaines dont les Empereurs, des magistrats voire des peuples qui s'en soulevaient parfois :

Mais quelles ont été les causes de ces persécutions ? quelles sont les principales persécutions ? Ont-elles conduit à quels résultats ? Comment se déroulaient les cultes chrétiens au temps des persécutions ? Répondre à ces questions se veut objet des lignes qui suivent.

---

[12] Cf. *Ibid.*, p.15

Quant aux causes de ces persécutions, de façon générale, elles sont deux : le culte impérial et les vices voire débauche du paganisme[13]

Pour la cause de culte impérial, il est légitime de rappeler qu'avant la venue du Christianisme, l'empereur romain était adoré comme un dieu. Cela s'entend, aucun sujet de l'Empire ne devait déroger à la règle. Cependant, les chrétiens n'ont pas voulu obtempérer à cette règle, craignant de mettre au même pied d'égalité Dieu et l'Empereur. Cela leur a coûté des persécutions énormes. On note ici, les persécutions de saintes Perpétue et Félicité. A propos, Jean Bernardi écrit « nous sommes maintenant à Carthage, le 07 mars 202. On juge trois catéchumènes ainsi que deux jeunes femmes : perpétue et Félicité. La première n'a que 22 ans. Elle est de naissance distinguée, bien élevée, mariée. Elle a deux frères, donc un catéchumène, et un bébé qu'elle allaite. L'autre jeune femme est son esclave. Félicité, l'esclave, était enceinte au moment de son arrestation : elle accouchera en prison d'une fille peu avant de mourir. »[14]

L'autre cause des persécutions serait les reproches que les chrétiens formulaient aux païens de l'Empire. Ces derniers avaient des mœurs légères et vivaient mal. En effet, ces reproches des chrétiens concernaient aussi les empereurs qui exhalaient les folles dépenses de la res publica. A cause de ces reproches, les Empereurs et les peuples vont tenir le Christianisme pour une religion subversive. Celle s'entend, elles ont subi d'incroyables persécutions mentales voire physiques. Celles mentales étaient des injures et calomnies ; celles physiques étaient des travaux forcés, supplice, exil, empalés et livrés aux bêtes féroces.

---

[13] *Cf.* A. BITA LIHUN Ngandu, *Cours de l'histoire de l'Antiquité et Moyen Âge chrétiens,inédit, kin , UCC,2018-2019,p.12*

[14] J. BERNARDI, *Op, Cit, p.75* BITA LIHUN Ngandu, *Cours de l'histoire de l'Antiquité et Moyen Âge chrétiens,inédit, kin , UCC,2018-2019,p.12*

J. BERNARDI, *Op, Cit, p.75*

Enfin, à en croire J. BERNARDI dont je paraphrase le paragraphe ici, l'une de ces deux causes principales des persécutions se développe diversement. C'est le refus de vénérer l'Empereur. Ici, les chrétiens sont pris pour des athées puisqu'ils nient et méprisent tous les dieux autre que le leur. On leur reproche aussi de se cacher. Contrairement aux autres cultes, ils n'ont pas d'autels (les autels sont tous situés en plein ou devant le temple et non pas à l'intérieure), pas de temple, pas de statues divines. Leurs réunions sont secrètes. En effet, on les accuse d'adorer une tête d'âne, de vénérer les parties sexuelles de leurs prêtres, de prendre ensemble des repas au cours desquels on éteint les lampes pour favoriser des orgies générales, de préférence incestueuses. On raconte même qu'au cours de son initiation tout néophyte doit tuer un enfant et boire son sang, ... Toutes ces sonnettes alimentent la colère populaire.[15]

A cause de tout ce qui précède, les chrétiens doivent être la cause de toutes les calamités naturelles de l'Empire telles que la peste, les inondations, les famines, les incendies et les troubles au sein de la société, jusqu'à considérer l'église des chrétiens comme une meurtrière de l'Empire romain et de la culture antique.

1.1.2.1. Principales persécutions, nombre et durée

A en croire certaines sources sûres, les persécutions ont été au nombre de dix. Elles ont duré 250 ans. En sus, tour à tour de 54 au premier siècle, jusqu'à 305 au quatrième siècle. Cela s'entend, il est légitime de parcourir l'une après l'autre ces dix persécutions pour savoir ce que OURY et autres auteurs nous en disent.

- Première Persécution (54-67) : Néron

---

[15] *Cfr Ibid.,* p.73.

La première persécution des chrétiens a eu lieu sous Néron. Ce dernier était d'un Sadisme hors pair. Sur ces entrefaites, dit le professeur Bita, éclate l'incendie de Rome, en 64.[16] Pour tromper la vigilance et se détourner des soupçons du peuple qui pèsent sur lui, il rejeta la responsabilité de l'incendie sur les chrétiens, déjà mis au pilori par les juifs et mal connus des païens. OHRY l'exprime bien en ces termes : « la persécution de Néron en 64 éprouva durement la communauté chrétienne de la capitale...Un violent incendie avait ravagé la ville en juillet de cette année et détruit les deux tiers des habitations. L'opinion cherchait des responsables et accusait l'Empereur d'avoir provoqué volontairement la catastrophe. Pour détourner de sa personne la rumeur et le ressentiment populaire, Néron accusa formellement les chrétiens qui éveillaient déjà la suspicion »[17].

En effet, sous Néron, les Chrétiens ont connu les persécutions de toutes sortes. Ils furent enveloppés des peaux de bêtes féroces et livres à la merci des chiens pour en être dévorés. D'autres, revêtus de tuniques enduites de résine et de soufre, étaient attachés à des poteaux et servaient durant la nuit à éclairer les jeux de cirque. D'autres encore étaient livrés aux bêtes féroces pour être broyés dans les yeux de cirque au grand assentiment des spectateurs. Sa haine viscérale pour les chrétiens le poussera même à brûler vifs certains adeptes du christianisme.

Ce sadisme lui valut même le titre du « bourreau du genre humain ». C'est la plus grande persécution. Saint Pierre et Paul succombèrent sous Néron. Le premier en 64 et fut enterré près du lien de son martyre au jardin de Vatican[18]. Le second, Paul lui en 67 à l'endroit nommé Eaux salviennes, où l'on a bâti l'église de St. Paul hors les murs.

---

[16] *Cfr* A BITA LIHUN Nzundu, *Op Cit, P.13*

[17] *Dom G. M OURY, Op Cit., p. 10*

[18] Cfr A. BITA LI HUN *Ngandu, Opus Cit., p.13-14.*

- Deuxième persécution (81-96) : Domitien

Après un véritable moment d'accalmie avec les Empereurs Vespasien et Titus, la nouvelle religion chrétienne fut de nouveau persécutée sous Domitien.

Parmi les illustres chrétiens qui moururent, ici il convient de retenir St. Anaclet à Rome, l'Apôtre André, St Jean, l'évangéliste, jeté dans une chaudière d'huile en sortit sain et sauf et fut ensuite exilé dans l'île de Patmos. Domitien mit à mort même ses propres proches parents. A propos Jean BERNARDI écrit « Ce qui est beaucoup plus significatif c'est que cette répression atteint la propre famille de l'empereur : sa nièce, Flavia Domicilia, est exilée, Flavius Clemens, cousin de Domitien, consulaire et mari de Domicilia, est exécuté en compagnie d'un autre consulaire. Nous ne sommes qu'en 96 et la famille impériale est touchée par la foi chrétienne »[19]

En effet, pour les restes des persécutions, la troisième de 98-117 (Trajan) exécuta Saint Ignace, Evêque d'Antioche, St. Clément, successeur de St. Pierre, et St Siméon, 2 Ev. de Jérusalem. C'est que BERNADI rend un ces termes : « Sous le règne de Trajan, on a déjà signalé le martyre de Ignace d'Antioche (107) et les sentences rendues par Pline (112) »[20]

En outre, la quatrième persécution (161-18) fut sous Marc-Aurèle. Sont tués ici, sont : St Justin et ses compagnons, Ste Cécile à Rome ; à Lyon, le vieillard St Pothin, évêque de cette ville et Ste Blandine, âgée de 12 ans. La cinquième persécution quant à elle (193-211) fut sous Septime Sévère. Sont morts ici : St Irénée et une multitude autres martyres à Lyon ; le pape St Victor à Rome ; les jeunes femmes Félicitée et perpétue à Carthage. De 235-258 commence et termine la sixième persécution. C'est celle sous Maximin le Thrace. Ce dernier s'attaque aux presbytres et aux évêques. Dans cette lancée BERNADI écrit : « En

[19] J. BERNARDI, *Op Cit.*, P.67
[20] *Ibid.*

235, Maximin le Thrace s'attaque aux chefs des églises, ce qui constitue une nouveauté. »[21] On cherche à s'attaquer seulement aux têtes car les chrétiens étaient déjà très nombreux.

Le septième persécution (249-251) oblige tous les sujets de l'État à comparaître devant les magistrats pour offrir un sacrifice aux dieux et avoir en récompense un certificat en forme d'obéissance. Saints Fabien, Polycarpe, Christophe, Agathe (15 ans) et Agnès (13 ans) furent exécutés. La Huitième persécution (253-260) les papes St Étienne et Sixte, St Laurent, St Cyprien, St Cyrille de Césarée.

En outre, la neuvième persécution (270-278) sous Aurélien. Ce dernier, au départ bienveillant aux chrétiens, changea de face par la suite et publia des édits de persécutions bien qu'il mourra avant la large diffusion de ces édits. Le pape Félix mourut sous lui.

La dixième persécution (284-305) fut celle de Dioclétien. C'est sous cet Empereur que sombra la persécution la plus atroce voire la plus longue aux chrétiens. Elle s'exécute tous azimuts. L'empereur publia quatre Edits. Le premier ordonnait de démolir les églises, de brûler les livres saints et de priver les chrétiens de leurs droits civils. Le deuxième prescrivait l'emprisonnement des chefs de l'église. Le troisième ordonne de torturer les prêtres qui refuseraient de sacrifier aux idoles. Le quatrième fut coulé des flots de sang en contraignant tous les chrétiens à sacrifier aux idoles. Sont morts ici, sont, St Sébastien tué par l'Epée, Ste Catherine d'Alexandrie livrée au supplice, St Janvier dont le sang a été conservé à Naples, Sts Côme et Damien.

---

[21] *Ibid.*

1.1.2.2. Les cultes chrétiens au temps des persécutions.

Pendant ces moments de dures épreuves des persécutions, les autres chrétiens s'organisent en secret pour certaines raisons. Primo, pour éviter que le mystère chrétien soit profané ; secundo, pour s'épargner voire éviter les attaques des païens. Cela s'entend, les chrétiens allaient se réunir soit dans les maisons des riches devenus chrétiens soit dans les catacombes pour célébrer leurs cultes. Ces derniers s'ouvraient par l'enseignement des apôtres pour raviver la confiance et la foi des participants. Pour la communion des membres, on priait les uns pour les autres et pour le monde entier, et on ressemblait aux dons portés par chacun : nourriture, argent, vêtement... pour qu'ils soient distribués à ceux qui étaient dans le besoin. Il intervient après la fraction du pain, c'est-à-dire le repas sacré qui commémore la mort et la résurrection du christ et en actualise les fruits parmi les communautés. Les cultes se terminaient par les prières dites par les anciens de la communauté.

En effet, à propos des cultes chrétiens, OURY abonde dans ce sens : « les chrétiens prient chez eux aux trois principales divisions du jour ; leur prière se réfère aux épisodes de la passion du christ ; le lever au milieu de la nuit est recommandé aux époux afin des s'adonner ensemble à la prière dans le silence de la nuit »[22]. Toutefois, certains rites des chrétiens se célébraient dans les catacombes.

1.1.2.3. Les catacombes

Aux jours d'antan, les catacombes étaient les anciens cimetières souterrains ou les chrétiens enterraient les restes des leurs frères défunts pour les soustraire à la profanation et par le fait même les épargner de la crémation pratiquée chez les païens. A l'instar de la sépulture du Christ, ils jugeaient

[22] Dom G-M OURY, *Op Cit.*, p. 38.

opportun faire de l'inhumation par respect pour le corps du défunt dont on attend la résurrection un jour. En outre, ces genres de sépultures étaient favorables pour les chrétiens dont les situations économiques étaient généralement modestes. Ces cavités de sous-sol avaient en général les noms des ceux qui offraient ces espaces et avaient au moins 900 km, situées dans la grande voie de la périphérie de la Rome antique.

En autre, il est légitime de réitérer qu'à l'origine, les catacombes étaient seulement des lieux de sépulture. C'est là que les chrétiens se trouvaient afin de célébrer les rites funéraires, les anniversaires des martyrs et des défunts. Dans la même inviolée d'idée OURY écrit ce qui suit : « Entre 260 et 304 le culte s'organise ; on fait le catalogue des anniversaires, ont célébré probablement la messe dans les cimetières sur la tombe des témoins du christ » [23]

En sus, aux moments de persécutions et pour d'autres cas devers, ces catacombes servaient pour les lieux de refuge, pour le culte, la cité cène et la partage fraternel. Après les présentations, ces lieux sont devenus des sanctuaires des martyrs, des centres de dévotion et de pèlerinage de chrétiens de toutes les directions de Rome antique.

1.1.2.4. Attitudes des martyrs, comme résultat escompté des persécutions

Il est légitime de laisser savoir que les martyrs ont laissé voir des attitudes énormes de foi. Cette dernière a conduit à des résultats très escomptés dans le chef des chrétiens, à telle enseigne que la foi chrétienne a abondé.

En effet, les martyrs embrassaient la mort avec bravoure, avec douceur voire pardon à la bouche à l'endroit de leurs bourreaux, a l'instar du Christ sur la croix. Ainsi, cet héroïsme des martyrs a causé des résultats fameux. Beaucoup de

---

[23] *Ibid.*

païens ont adhéré à la foi. C'est cela qui conduisit Tertullien à cette affirmation : « le sang des martyrs est une semence des chrétiens »[24]. Le témoignage des chrétiens face à la mort est admirable.

Il y en a plus. Ces attitudes des martyrs ont conduit à d'autres résultats dignes. Leur agir a défendu mordicus la liberté de conscience, a provoqué d'énormes conversions, à telle enseigne que la chrétienté se répandait déjà telle une traînée de poudre. Enfin, il est crucial de dire que le sang des martyrs a ajouté ce qui manquait à la passion du Christ. En un mot, les chrétiens étaient les pionniers de la victoire du Christ sur Satan et leur témoignage prouve à foison que le Christianisme est vrai. Enfin, d'Ignace d'Antioche à Félicitée de Carthage, la grandeur des attitudes devant la mort ne se dément pas, bien qu'il y aura les Lapsi.[25] Ces derniers étaient un groupe de chrétiens qui se réclamaient d'avoir supporté les épreuves des persécutions. Cependant, ce sont des malfaiteurs qui corrompent et se payent le Certificat de vainqueurs des persécutions. Une autre catégorie était celle de ceux qui fuyaient les persécutions et échappent à la mort[26].

Ces bonnes attitudes feront naître des Apologistes dont le service était d'être à la défense des chrétiens persécutés. Cela formera le point de mire du titre suivant

1.1.3. Les apologistes

Convertis au Christianisme, après de bonnes attitudes des chrétiens martyrs, les apologistes ont soutenu les chrétiens et ipso facto ont abondé la religion chrétienne. Ces apologistes ont deux objectifs. Défendre les chrétiens accusés à tort, et finalement défendre la foi chrétienne à laquelle ils adhèrent. OURY l'exprime si bien en ces termes : « le propos des apologistes est de

[24] Cf. A. BITA LIHUN Ngundu, *Op cit.*, p.17
[25] Cf. Dom G-M, *Op cit*, p.24
[26] Cf. *Ibid.*

démontrer le peu de fonds des accusations qui présent sur les chrétiens et d'obtenir la plaine tolérance des autorités publiques ; par-delà cette justification, ils désirent en démontrer la valeur de la foi à laquelle ils adhérent, la répandre et l'éveiller dans le cœur des lecteurs »[27]

En effet, le premier apologiste connu est Quadratus, un athénien qui adressa son écrit à Hadrien en 124 ; le plus célèbre de tous est Justin, auteur de deux apologies à Antonin le pieux et à son fils marc-Aurel. Enfin, il est légitime de dire que les apologistes défendent la foi des chrétiens buttés à la persécution et aux raisonnements philosophiques. C'est ainsi que Tertullien dira finalement : « Toute âme droite est naturellement portée à embrasser le Christianisme »[28] Cela favorisa d'énormes progrès de l'évangélisation.

1.1.4. Les progrès de l'évangélisation

Le progrès de l'évangélisation a vu le jour à Rome. C'est dans le contexte de la « pax Romana » que l'évangélisation va progresser. Cette paix romaine favorise l'accalmie la plus rationnelle dans la société, brise les barrières entre les gens et la liberté des religions avait excellé. Cela permet aux chrétiens de progresser quant à évangéliser. OURY le dit si bien en ces termes : « C'est principalement dans le cadre de l'empire romain que s'est diffusée la foi. Méliton de Sardes s'applique déjà vers 17O à montrer que la « pax romana » était une préparation providentielle à la prédication de la bonne nouvelle ; les barrières entre les peuples sont... abattues, les échanges facilités d'une frontière à l'autre de l'orbis »[29]

En effet, dans les courants du deuxième siècle le christianise s'est implanté fortement à Carthage, ainsi rayonnant sur l'Afrique latine. Aussi sur les

---

[27] *Ibid.*, p.25
[28] *Ibid.*
[29] *Ibid.*, p.26.

frontières orientales va au-delà des limites de l'empire. En Occident il y a eu latinisation de l'église, surtout par le labeur sérieux voire à bras le corps des africains. Cela favorisa un élan considérable pour l'évangélisation. Ce progrès a préoccupé aussi les élites païennes. Après ces progrès prometteurs de l'évangélisation, l'église s'est approchée de sa paix lors de l'avènement de Constantin.

1.1.5. L'église a la veille de la paix

L'église s'est approchée vers sa paix par l'impulsion des courants spiritualistes, d'abord. De tous ces courants, le plus remarquable fut le Néo platonisme dont Plotin fut à la tête. Pour ce courant, la philosophie n'est pas conçue comme une connaissance, mais comme une méthode pour s'approcher de Dieu, afin de s'unir à lui par l'amour, moyennant une purification qui simplifie l'âme et lui permet de s'évader de la matière ou elle engluée, du monde sensible ou elle demeure captive[30] Cette philosophie religieuse a beaucoup poussé la foi en Jésus Christ. En effet, il est légitime de le réitérer. Ce courant spiritualiste s'est réalisé au 3 Siècle qui approcha le même l'église vers la paix constantinienne. C'était précisément lors de la mort de Valérien et l'édit de son Fils Gallien, qui permit de redonner aux chrétiens tous leurs biens et lieux. Cela permit une augmentation hors pair des chrétiens. Les prêtres avaient aussi abondé. On construisit d'énormes nouvelles églises en Occident. Finalement l'Église se manifesta au grand jour ; elle renonça à se réunir dans des maisons des particuliers, se construisant de vastes églises connues comme telles par les païens. Cela a amena l'église vers l'avènement de Constantin qui conféra à l'église sa paix quasiment totale sur toutes les directions, bien que d'autres persécutions, comme l'ultime épreuve de Dioclétien de 3O3-313, ont précédé ce temps de Constantin qui fut salutaire pour le Christianise des premiers siècles.

---

[30] Ibid., p.42.

1.1.6. Conclusion

Au final de ce chapitre, il est légitime de réitérer ses principales articulations. Il y a été question des conquêtes de l'église aux 4 premiers siècles antiques (33-311 ou 312. Explicitement, nous y avons mis en vedette, sans prétendre à l'exhaustivité, les divers lieux de ces conquêtes de l'Église antique. Comme lieux de ces conquêtes, nous sommes partis de l'église des apôtres chez les juifs et gréco romains, en passant par les persécutions de Rome et celles d'ailleurs ou le christianisme a vu le jour ; nous n'avons pas aussi relégué dans les oubliettes les corollaires de ces lieux des conquêtes (cultes chrétiens pendant les persécutions, catacombes, attitudes et résultats des martyrs. Nous avons également retracé le bon travail des apologistes, sans jeter au voile de l'oubli les progrès de l'évangélisation de l'église de ces premiers siècles. Enfin, nous avons jugé opportun de présenter l'église a la veille de sa paix constantinienne. Cette paix de l'église venant de Constantin sera d'ailleurs le point de mire du deuxième chapitre de ce travail d'histoire de l'église. Il met en lumière le début du triomphe de l'Église par l'édit de Constantin en 313.

CHAPITRE II : TRIOMPHE ET DÉBUT DE L'ESSOR DU CHRISTIANISME NAISSANT

2.0. Introduction

Après les dures épreuves de persécutions, le christianise obtint sa liberté, mieux sa son triomphe partant de 313 par l'Édit de milan, œuvre de Constantin. Dans cette lancée, ce chapitre mettra en vedette la paix constantinienne conférée à l'église. En outre, ce chapitre, nous fera connaître la nouvelle du Christianisme devenu Religion d'Etat.

Si ce Christianisme est devenu religion d'Etat et ipso facto libre d'opinions, c'est donc elle va nous révéler certains éléments de sa doctrine, spécialement dans sa phase catholique. A savoir, ici, celui de l'Incarnation et celui de la Trinité. Cependant flagellés voire attaqués par les énormes hérésies, ces éléments de la doctrine chrétienne vont se voir sauver par les Conciles œcuméniques et autres que l'église convoque. Cela conféra au christianisme une influence salutaire considérable sur la société antique et celle d'aujourd'hui.

Le terrain ainsi déblayé, sentiers rendus droits, il est temps d'entrer en matière.

2.1. Constantin et la paix constantinienne

Certes, comme nous l'avons dit à l'introduction de ce chapitre, il est légitime de réitérer le fait que l'avènement de Constantin fut salutaire pour le christianisme. Cet avènement a inauguré la période de triomphe de l'église, de 313 à 476. En effet, selon des sources aussi fiables, tout a commencé par la conversion de cet empereur. Converti au Christ, Constantin publia en 313 un édit qui marquant le triomphe définitif du christianisme.

D'avis avec Licinius, son beau-frère, qui dirigeait l'Orient, ils décidèrent d'accorder la liberté totale aux chrétiens. Dom Guy Marie OURY le dit si bien en ces termes : « Nous Constantin et Licinius, Augustes… avons résolu d'accorder aux chrétiens est à tous les autres la liberté de pratiquer la religion qu'ils préfèrent, afin que la divinité qui réside dans le ciel, soit propice et favorable aussi bien à nous qu'à tous ceux qui vivent notre domination…Il convient donc que votre Excellence(les Empereurs s'adressent aux gouverneurs de province(sache qu'à partir de ce moment nous permettons aux chrétiens de pratiquer leur religion sans qu'ils puissent être inquiétés d'aucune manière. »[31]

En effet, le christianisme l'a donc emporté dans l'esprit de Constantin sur les autres influences religieuses dès 312. C'est dans esprit qu'il s'est chargé d'accorder à l'église tout un budget pour l'entretien du clergé par des constructions énormes : « À Rome, l'Empereur jette les fondements de grandes basilienne (Saint Jean de Latran, Saint-Pierre au Vatican) tandis que sa mère, Hélène ordonne la construction de le basilique du Saint-Sépulcre, et à Bethléem de celle de la nativité ; dans sa nouvelle capitale, Constantinople (la ville de Constantin) crée en 324, il construit les Douze apôtres, Sainte Irène et la première basilique sainte Sophie. Il fait don au pape Miltiade du palais du Latran à Rome qui devient pour dix siècles la résidence de l'évêque de Rome »[32].

Pour le dire d'un mot, cette période de triomphe de l'Église se résume à ces 5 points instinctifs. Primo, l'entrée en liberté de l'église à partir de l'édit de Milan (313) qui met fin à la sanglante période des persécutions contre les chrétiens. Secundo, l'Etat va se mettre au service de l'église voire la mainmise de l'Etat dans la vie et l'organisation de l'église surtout à Constantinople. Tertio, la disparition progressive du paganisme et de ses pratiques indues. D'ici, on a aussi vu surgir les hérésies dans l'église. Cela cause, quarto, la tenue de grands

---

[31] *Ibid.*, p.48-49

[32] *Ibid.*, p. 50.

conciles (Nicée, Constantinople, Ephèse, par la fixation de la doctrine de l'église et de son culte

Ces conciles conduisent aussi à la définition de la morale de l'église, sa discipline et la constitution de sa hiérarchie. En effet, grâce à ces Conciles, l'église a tenu coup aux divers hérissés qui semblaient la secouer. Et quinto, ce qui précède fonda un surgissement de beaucoup d'écrivains ecclésiastiques, de docteurs de l'église, des apologistes etc.

En un mot, il est légitime de dire que l'édit de Milan permet au christianisme, après un long moment de soufflement, à reprendre son haleine et se développer pour faire face aux attaques futures. A partir de cet édit, le christianisme pouvait s'exercer comme religion et l'église acquit sa pleine liberté. Ainsi, à partir de cette liberté, l'empire chrétien succéda à l'empire païen, il y a eu fin du paganisme et finalement l'Empereur Théodose qui succéda à Constantin fera du christianisme une religion de l'Etat.[33]

Dans cette même envolée d'idées, Jean BERNADI écrit sur ce qui favorisa cette liberté : « Dès que l'Empereur se réclame du christianisme, tous les yeux sont braqués à travers hui et à cause de lui, sur le Christ. D'autres part, nous verrons que le Crédo qu'on récite aujourd'hui tous les Dimanches a été rédigé à l'initiative de Constantin. »[34] Tout cela pause Théodose à déclarer le Christianisme religion d'Etat, par la suite.

2.2. Christianisme, religion d'Etat

Après Constantin qui favorisa un élan de plus en plus remarquable sur la liberté du christianisme, bien que n'écartant pas le paganisme dans toutes les directions, un des plus grands empereurs chrétiens qui succéda à Constantin fut

[33] Cf. BITA LIHUN Ngandu, *Op cit.*, P.20-23.

[34] J. BERNARDI, *Op Cit,* P.77-78.

Théodose. Celui-ci après s'être baptisé, déclare le Christianisme comme religion officielle de l'Etat, et interdisant formellement le paganisme. Les païens étaient contraints de se réfugier dans les campagnes, d'où le nom des ''païens'' ou ''paysans'' donné aux adeptes du paganisme[35] . En effet, cette interdiction formelle du paganisme fut faite par deux empereurs. En orient, c'est par Théodose et en Occident par Gratien, qui sous l'influence d'Ambroise de Milan refusa même le titre de Pontifex Maximus décerné à tous les empereurs à Rome : pontife suprême du paganisme. Cela fut le grand signe d'une rupture entre le paganisme et le pouvoir impérial.

Mais il est crucial de réitérer et même fixer que ce Théodose qui fera du christianisme une religion d'Etat et impose la doctrine de l'Église à tous les peuples de l'empire. OURY le dit si bien en ces termes : « Théodose en Orient impose l'orthodoxie à tous les peuples de l'Empire. A la faveur de la lutte entreprise par l'Etat contre les hérétiques à partir de 38O, offensive est déclenchée contre les cultes païens. »

Pour finir, ce Christianisme devenu religion officielle de l'Etat laissa sa doctrine aussi se répandre telle une traînée de poudre. L'un des éléments de sa doctrine fut la reconnaissance de la double nature de Jésus Christ : il est reconnu homme et Dieu à la fois. Le point suivant nous en parlera à foison.

2.3. Jésus Christ : Homme et Dieu a la fois

« Jésus de Nazareth est le Fils de Dieu qui s'est fait homme pour sauver l'humanité » Cette allégation se trouve dans tous les évangiles de l'enfance de Jésus et dans le prologue de St Jean justement pour mettre en vedette le mystère de l'incarnation de Jésus. C'est la confession de fois des chrétiens partant de l'expérience du christ qu'ils ont vécu. Et donc ce n'est pas historique

[35] Cfr. A. BITA LIHUN Ndandu, *Op Cit*, P.23.

comme semble croire l'église dans sa liturgie et son enseignement[36] . Cette confession de foi a été consignée dans les évangiles. Et donc la liturgie de l'église s'est fondée de cette confession de foi des générations, consignée dans les évangiles pour commencer à fêter noël qu'ils avaient donné une date.

De ce qui précède, il est légitime le fait de déduire le fait que cette doctrine de l'incarnation s'explique doublement. D'une part, il convient d'expliquer le pourquoi de la divinité de Jésus ; d'autre part, il sera question d'expliquer l'humanité de Jésus qui est Dieu. C'est la question de la double nature de Jésus. En effet, cette question a fait couler beaucoup d'encres et de salives dans l'histoire de l'église. Beaucoup d'écoles antiques en avaient trouvé beaucoup de points de divergences. A l'occurrence les écoles d'Alexandrie et d'Antioche. Les retombées des discussions de ces écoles ont fait art même a beaucoup d'hérésies au sein de la christologie ;

Ainsi, il sera crucial de dire brièvement ce qui constitue l'humanité, la divinité et son humanité. Chemin faisant nous dirons ce que les écoles en disent et finalement montrer comment les autres ont sombré dans les hérésies en contournant ce que l'église admet au sujet de cette doctrine.

La profession de foi de l'église en la divinité de Jésus se trouve dans le Credo de Nicée Constantinople : « Il est Dieu né de Dieu, engendré non pas créé, de même nature que le Père. »[37] Le fait d'avoir la même nature que le Père justifie à fond de train la nature divine de Jésus.

En outre, la nature humaine de Jésus se trouve également dans la profession de foi des apôtres : « … est né de la Vierge Marie, a souffert sous ponce Pilate, a été crucifié, est mort et a été enseveli, est descendu aux

[36] Cf. BAKINGELA Kasonga, *Quelques malentendus autour de la doctrine de l'Incarnation, Kinshasa,* médiaspaul, .2013, p.45

[37] *Credo de Nicée Constantinople,325.*

enfers… »[38] Cela justifie l'humanité du Christ. Ces deux personnes du Christ constituent la doctrine de l'Incarnation : In carnis : dans la chaire. Et donc la divinité a pris chair dans l'humanité pour sauver cette dernière. Cette question est vraiment délicate et a opposé deux grandes écoles théologiques du premier siècle. Il s'agit des écoles d'Alexandrie et d'Antioche.

2.3.1. La christologie des écoles d'Alexandrie et d'Antioche.

2.3.1.1. Ecole d'Alexandrie : origine, méthode et sa Christologie

L'école d'Alexandrie avait été fondée au troisième siècle par Clément d'Alexandrie et Origène, à qui avaient succédé Denys, Théognoste et Prierius. Ses représentants au siècle suivant furent Didyme l'Aveugle, Athanase et les Cappadociens, ces derniers étant à la fois les plus brillants et les plus sages des disciples d'Origène. Les méthodes herméneutiques de cette école sont connues par l'œuvre d'Origène. Elle était marquée d'autre part par le mysticisme et la philosophie platonicienne. On y confesse résolument l'identité substantielle du Christ avec son Père (homoousios), en insistant essentiellement sur l'unité de Dieu, au détriment de la trinité des personnes, d'où le reproche de sabellianisme qu'on lui a fait. Et donc, la divinité du Christ relègue dans l'ombre sa véritable humanité. Cela s'entend, cette école soutient beaucoup la nature divine de Jésus au détriment de celle humaine. Dans ce sens, les tenants de cette école sont les homéosiens. Nom que les ariens donnaient aux catholiques ou aux adeptes d'Alexandrie car ceux-ci pensent que le Fils est consubstantiel au Père.[39] Au siècle suivant, l'Église devra combattre le monophysisme qui jaillira de cette école.

En effet la christologie alexandrine est enracinée dans la théologie d'Athanase, selon laquelle la divinité et l'humanité sont unies, sans mélange, en

---

[38] *Profession de foi des Apôtres*

[39] *Ce texte est extrait du Wiktionnaire et il est disponible sous licence CC BY-SA 3.O.*

la personne du Christ, de telle sorte cependant que tout ce qu'a fait et subi Jésus est la manifestation de sa personne unique, sans qu'on puisse attribuer ses faits et gestes tour à tour à l'une ou l'autre de ses deux natures. Donc le christ est une personne ayant deux natures unies et une sans se mêler. En plus, Cyrille d'Alexandrie va pousser la christologie alexandrine à son extrême limite, en soulignant encore plus que Athanase l'unité de personne du Christ incarné. Le Logos a, selon lui, revêtu la nature humaine comme un habit, et un échange des attributs a lieu entre les deux natures, si bien qu'il ne faut plus parler des deux natures du Christ, mais d'une seule, d'un « prosopon » ou d'une « hypostasis » unique. Et cette unique nature ou cette unique substance (qu'il partage avec son Père) est divine. De cette doctrine au monophysisme, il n'y a qu'un pas qui sera vite franchi[40] , comme nous l'avons dit ci haut.

2.3.1.2. L'Eole d'Antioche : origine, méthode et sa christologie

L'école d'Antioche, après une période d'éclat (360-430) où elle produisit de grands maîtres tels que Flavien, Diodore de Tarse, Théodore de Mopsueste et surtout Jean Chrysostome, entra dans une phase de décadence à la suite du discrédit que le nestorianisme jeta sur elle. C'est surtout en exégèse qu'elle s'oppose à l'école d'Alexandrie. Hostile à l'interprétation allégorique de l'Écriture, elle soutient que tout texte biblique a un « sensus litteralis » voulu par le Saint-Esprit, que ce soit le sens littéral ou le sens figuré. Mais le sens d'un texte est toujours unique et c'est lui qu'il s'agit de retenir. Désireuse de mettre un frein aux fantaisies que pouvait provoquer l'herméneutique de l'école d'Alexandrie, l'école d'Antioche versa dans un littéralisme qui avait tendance à faire de la Bible un écrit profane où on ne sentait plus le souffle de l'esprit Saint.

---

[40] *Cette série comprend 15 articles intitulés* Les débats christologiques anciens *; elle est précédée d'une série de 31 articles intitulés* Christologie – La personne et l'œuvre du Christ, *et suivie de 10 articles sur les débats christologiques modernes, disponibles sur* Ressources chrétiennes.

Dans la doctrine de la Trinité, on insiste à Antioche sur la distinction entre les trois personnes qu'on appelle hypostases. Or « hypostasis » signifie étymologiquement « substance », ce qui subsiste en soi-même. De là, il n'y a qu'un pas pour affirmer que les trois personnes de la Trinité diffèrent par la substance. C'est ce qui explique l'opposition des antiochiens au terme « homoousios ». Donc il est légitime de situer l'hérésie de Nestorius ou le nestorianisme ici, car cette hérésie soutient que le Christ a deux personnes différentes. D'ailleurs Nestorius était un prêtre et finalement patriarche d'Antioche au cinquième siècle[41]

La christologie antiochienne, au contraire, souligne l'indépendance de chacune des deux natures. **Mais dans cette christologie, l'accent est mis sur l'humanité véritable du Christ qu'on ne veut pas voir mutilée par l'affirmation de sa divinité.** Sa démarche n'est pas la spéculation ou l'allégorie des alexandrins, mais une approche exégétique et historique, si bien que l'image du Christ que donnent les évangiles synoptiques est décisive pour elle. **Elle donne de l'importance au développement humain de Jésus** et substitue à l'unité de nature (« henôsisphusikè ») des Alexandrins une union relativement vague du Fils de Dieu et du Fils de David, union indissoluble en soi, mais due uniquement à l'unité de volonté du Christ incarné. Le grand danger de la christologie antiochienne consiste à vouloir définir l'indépendance des deux natures au point qu'il en résulte deux personnes (Cf. Nestorius) et que l'union hypostatique est brisée. La christologie occidentale dont la paternité revient à Tertullien, suit la ligne d'Athanase et des Cappadociens, mais de façon indépendante : elle confesse l'unité de la personne du Christ, tout en distinguant les deux natures. Elle se situe ainsi à mi-chemin entre les formulations alexandrines et antiochiennes[42]

---

41 *Cf. Wiktionnaire O.C.*

42 Cf. *www.ressourceschretienunes.com, 29 Janvier 21 à 10h*

Au final, il est ainsi aisé de constater que les écoles d'Alexandrie et d'Antioche représentent deux christologies différentes, chacune tentant de résoudre le mystère à sa façon. Mais il est crucial de noter que la doctrine de la Christologie se laisse bien appréhender lorsqu'on saisit bien celle de la Trinité. En un mot, Jésus est Dieu ayant pris la nature de l'homme pour le sauver sans perdre sa nature divine.

2.4. Jésus Christ, Personne de la Trinité sainte

Jésus, consubstantiel au **P**ère : Il est l'une des personnes de la Trinité Sainte.

En effet, les chrétiens croient en un Dieu Trinité, un seul Dieu en trois personnes : Père, Fils et Esprit Saint. Nous proclamons par ailleurs que Jésus est le Fils de Dieu. Il y a donc un lien entre l'homme Jésus, homme et le Dieu Trinité. Mais quel est ce lien ?

La Trinité est manifestée par Jésus. Bien qu'il est un constat qui peut nous sembler étonnant : aucune mention n'est faite dans le Nouveau Testament de la Trinité. Le mot n'existe pas. A aucun moment dans les Évangiles ou dans saint Paul, on ne trouve sur ce point de formulation doctrinale précise. Il faudra attendre la fin du IV° siècle et le Concile de Constantinople (381) pour qu'apparaisse vraiment la terminologie trinitaire. Ce sera donc une prise de conscience, lente mais définitive, qu'à travers les paroles et les faits de Jésus, le Père est totalement présent en lui. Comme il y aura conscience, à partir de l'événement de la Pentecôte, que la force de l'Esprit promis n'est pas une illusion mais une manifestation personnelle de Dieu.

Sous ce prisme, Jésus révèle pleinement Dieu. En sus, la fin du prologue de l'évangile de Jean nous dit : Personne n'a jamais vu Dieu[43]. Le Fils

[43] *Cf. La bible de Jérusalem,* Paris, Cerf-Verbum Bible, 1988, p.1530.

unique qui est dans le sein du Père nous l'a dévoilé (Jean 1,18). Ce dernier verbe a plusieurs traductions possibles selon les versions de la Bible. Soit « nous l'a dévoilé » mais encore « nous l'a révélé » ou « nous l'a fait connaître ». Le verbe grec exegeomai, à l'origine du mot exégète, peut alors signifier que Jésus est l'interprète parfait de Dieu. Saint Paul écrit que le Christ est « l'image de Dieu » (2 Corinthiens 4,4). Et Jésus lui-même dira « Qui me voit, voit aussi celui qui m'a envoyé » (Jean 12,45). La toute première conviction chrétienne est que Jésus, le Christ, partage pleinement la nature divine. Il est le Fils dans l'humanité, le Fils incarné.

Dans cette optique, la Trinité est au cœur de l'Evangile. Malgré l'absence du mot, nous pouvons donc dire que, grâce aux paroles et à l'enseignement de Jésus, la Trinité est au cœur de l'Évangile et du message fondateur du Christianisme. La foi des premiers baptisés sera immédiatement confession du Père, du Fils et de l'Esprit. La nouveauté trinitaire du message évangélique fait partie à part entière de la profession de foi chrétienne. Le rite baptismal en est le plus solide témoin. Justin de Rome (165) le rappelle bien avec ces termes farcis de signification : « Le bain dans l'eau est accompli au nom de Dieu le Père et Maître de toutes choses, et de notre Sauveur Jésus-Christ, et du Saint-Esprit ».

Ce qui précède s'entend bien. En voici la conséquence. Jésus et la Trinité ont un rapport bien fondé. Si la question « quel rapport y va-t-il entre Jésus et la Trinité » trouve une réponse, c'est à partir de l'événement de la Résurrection. Dans le livre des Actes où la foi au Christ est centrale, l'intervention du Père est affirmée, comme est confessé le rôle de l'Esprit : ce Jésus, Dieu l'a ressuscité, nous en sommes tous témoins. Exalté par la droite de Dieu, il a donc reçu du Père l'Esprit Saint promis et il l'a répandu (Actes des Apôtres 2,32-33). Jésus le Christ ressuscité, rejoint, comme Fils de Dieu qu'il n'a jamais cessé d'être, la communion et l'amour trinitaires dont il a pleinement vécu pendant sa vie terrestre. Et donc l'église a cru en cela depuis le 4 siècle en 381.

Toutefois, ces éléments de la doctrine de l'Église ou ces dogmes de la foi, beaucoup de détracteurs ne les ont acceptés ou en voulant les expliquer les ont mal rendus. Ce sont des hérésies. La teneur de l'argumentaire des Hérétiques était de défier surtout ces deux doctrines précédentes : celle de l'Incarnation et de la Trinité. C'est dans ce sens que nous avons des hérésies trinitaires et christologiques. Le point suivant va nous en dire autant.

2.5. Quelques hérésies Trinitaire-Christologiques et réponses des Conciles, fondement des dogmes

A travers ces lignes, nous voulons définir ce qu'on attend par hérésie et présenter certaines hérésies christologiques et trinitaires parmi tant d'autres.

Du grec haeresis, le mot hérésie signifie, étymologiquement, une préférence, une préférence au sein de la doctrine. Dans le langage chrétien, c'est une négation ou refus d'une proposition de la foi publiée comme vérité révélée. Toutefois, elle ne doit pas être confondue avec l'apostasie, qui est le rejet total de la foi chrétienne, ni avec le chiisme, qui refuse de se soumettre à la hiérarchie de l'Eglise allant jusqu'à provoquer la rupture avec celle-ci.

En réalité, dans l'hérésie, l'on privilégie son propre entendement que celui de l'Eglise. Les hérétiques admettent certaines vérités de la révélation en niant d'autres ou, pour le dire mieux, comprennent et interprètent certaines vérités doctrinales, partant d'un point de vue personnel. Mais les hérétiques, qui ont jalonné l'histoire de l'Eglise, l'obligeant sans cesse à approfondir la connaissance de la vérité révélée, ont été à l'origine de beaucoup de divisions et séparations. Voilà pourquoi le travail des théologiens consistait à combattre ces erreurs doctrinales pour ramener le peuple de Dieu à l'orthodoxie ecclésiale. Parmi les mécanismes mis en place pour contrecarrer les hérétiques, l'on peut souligner :

-La fixation du canon des Ecritures : la liste inspirée des livres de l'Ancien autant que du Nouveau Testament fut définie dès l'Antiquité ;

-L'établissement du symbole des apôtres qui contenait l'essentiel de la doctrine chrétienne. Le symbole des apôtres est né d'une foi trinitaire et christologique ;

-La tenue des synodes provinciaux. On encourageait les rencontres au niveau provincial pour contrecarrer les hérétiques. Citons à titre exemplatif les conciles de Nicée en 325, Constantinople en 381, de Chalcédoine en 451, etc.

-L'exercice de la primauté de l'évêque de Rome à qui orthodoxes et hérétiques faisaient appel

-La présence des écrivains ecclésiastiques.

Mais quelles sont ces premières hérésies enregistrées durant les trois premiers siècles de la vie de l'Eglise ? Pendant cette période, plusieurs hérésies ont surgi tant en Orient qu'en Occident. Ces hérésies furent de tous ordres et s'attaquaient –principalement soit à la personne (divine ou humaine) de Jésus-Christ, soit aux trois personnes divines. Ainsi les conciles comme les synodes devaient répondre à ces problèmes christologiques et trinitaires qui semblaient dérouter la foi de beaucoup de chrétiens. Parmi les principales hérésies, énumérons :

1. Le gnosticisme

Le gnosticisme est un terme générique désignant une série de courants de pensée à la recherche de la connaissance (gnosis). Il s'est développé tout d'abord dans le cercle des philosophes avant de faire des adeptes dans le christianisme et dans le judaïsme. Dans le christianisme, ce courant prétendait posséder une connaissance spéciale du salut, différente et supérieure à la foi qui, pour les partisans de cette doctrine, était jugée bonne pour les gens ordinaires. En vérité, les gnostiques voulaient répondre à la question lancinante et angoissante : **d'où vient le mal dans le monde ?** Dans leurs tentatives de réponse, ils en sont venus au **dualisme**. Ils ont prôné l'existence de deux êtres suprêmes dans le monde : **un dieu bon**, qui s'est révélé dans le Nouveau Testament ; et **un dieu mauvais**, éternel et créateur de la matière symbolisée par le corps, s'étant révélé dans l'Ancien Testament. La matière ou le corps est la cause du mal. Les deux êtres suprêmes se disputent l'homme.

Pour aider l'homme à se délivrer de la matière, le dieu bon a envoyé Jésus-Christ, créature céleste qui n'a que l'apparence du corps. D'où le docétisme, doctrine professant que l'homme Jésus et sa mort ne furent qu'apparences. Pour les gnostiques, le mariage est mauvais parce qu'il prolonge le règne du dieu mauvais par la procréation du nouveau corps. Il faut de ce fait fuir le mariage. Un des gnostiques les plus célèbres est Marcion dont la doctrine comporte des éléments de tendances gnostique, dualiste et docétisme. Il a été exclu de l'Eglise romaine à cause de ses positions hérétiques[44]. Et donc le gnosticisme est un ensemble des croyances hérétiques de la gnose, a en croire le Wiktionnaire[45].

En outre, il est crucial de noter qu'il y a un gnosticisme ancien et celui moderne. Donc nouveau. Dans la même envolée d'idées, Olivier Rey écrit : « Le gnosticisme ancien était religieux-il entendait, par la connaissance du vrai Dieu, libérer l'esprit de toute attache au monde matériel, abandonné aux forces mauvaises. Le gnosticisme moderne quant à lui, entend par la technique,

[44] Cf. A. BITA, *Op Cit.*, p.26

[45] *Cf. Wiktionnaire, Op Cit.*

soumettre le monde a l'esprit. »[46] Après cette hérésie, d'autres ont abondé, dont l'arianisme.

2. L'arianisme

Doctrine professée par Arius (prêtre d'Alexandrie, 336), l'arianisme est une **hérésie trinitaire**, en ce qu'il nie l'égalité de Jésus à Dieu. Pour l'essentiel, cette doctrine professe que la deuxième Personne de la Trinité n'est pas égale et consubstantielle au Père : le Fils a eu un commencement, et avait été librement créé par le Père au cours du temps. En tant que tel, le Fils n'est pas éternel et non plus identique dans son essence à Dieu. Il est une créature parmi tant d'autres, la première de toutes.

En effet, à ses débuts l'arianisme présente bien le caractère d'une discussion intérieure à l'église d'Alexandrie entre deux tendances théologiques opposés qui appartenaient l'une et l'autre à sa tradition, et, chose paradoxale, paraissent s'être trouvées tour à tour représentées par ce même Denys: Arius, bien que nous sachions par ailleurs qu'il avait été l'élève ou du moins se considérait comme le disciple du martyr Lucien prêtre d'Antioche, Arius nous Paraît reprendre à son compte la tendance de subordonner les autres, tendance assumée d'abord par Denys d'Alexandrie dans sa polémique contre sabelliens de Cyrénaïque et pour laquelle Denys avait été sévèrement censuré par son homonyme l'évêque de Rome. Redressant en conséquence sa position il avait ensuite été amené à insister au contraire sur la pleine égalité substantielle entre père et Logos.[47]

Cette position d'Arius engendre une hérésie au sein de l'Eglise : « Une hérésie est souvent, au point de départ, la saisie véhémente d'un aspect authentique mais partiel de la révélation qui, développée unilatéralement, se

[46] O. REY, *Une question de taille*, Paris, Stock, 2014, p.15.
[47] Cf. L.-J. ROGIER, *Des origines à saint Grégoire le Grand,* Paris, Seuil,1963, p. 290-291.

déforme bientôt et compromet l'équilibre toute la théologie. Arius apparaît dominé par une hantise : sauvegarder au sein de la Trinité l'originalité et les privilèges du père, “seul à être αγέννητος”, c'est-à-dire non engendré, mais On ne distinguait pas nettement entre les deux participes dérivés d’engendrer, et de γινομαι, devenir) non-“ devenu », entré dans l'être, seul éternel, seul à être sans principe, en un mot seul vrai Dieu, car et c'est là l'essentiel, il est absolument seul à être, lui, αρχη, principe de tous les êtres. Cette insistance conduit Arius à dévaloriser relativement le Logos qui « n'est pas éternel, coéternel au père, incréé comme lui (littéralement : non engendré, non-devenu) comme lui car c'est du Père qu'il a reçu et la vie et l’être ». »[48]

En effet, cette hérésie, Arius l’a répandue vigoureusement, si bien qu’elle a pris une extension jusqu’aux limites du monde connu de cette époque. Elle a constitué une menace grandissante pour la vie aussi bien de l’Eglise que de l’empire. Dans cette lancée, Pour rétablir l’unité de la foi dans tout l’empire romain, Constantin dut convoquer, en 325, un concile à Nicée où l’hérésie et Arius furent condamnés. Ce premier concile œcuménique a connu la participation des évêques venus de toute part qui ont affirmé que « **Jésus est né du Père avant tous les siècles, vrai Dieu né du vrai Dieu, engendré non pas créé, consubstantiel au Père**. » Avec cette définition, Arius avait perdu de son ampleur, même si sa doctrine s’est froidement poursuivie à travers certains de ses disciples[49]. Cependant, cette définition du Concile engendra d’autres hérésies dont celle de Nestorius.

3. Le nestorianisme

Après le concile de Nicée, la divinité de Jésus devenait un acquis, c’est-à-dire qu’elle était clairement définie. Mais puisque Jésus est aussi pleinement

[48] *Ibid.*, p.291.
[49] A. BITA, *Op Cit.*, p.27.

homme, il convenait de préciser la doctrine. Prenant acte des articles du concile de Nicée, Nestorius, prêtre d'Antioche devenu en 428 patriarche à Constantinople, pose le problème de l'articulation de la divinité et de l'humanité de Jésus : comment établir la relation entre sa divinité et son humanité ? A cette question, Nestorius va professer que dans le Christ, il y a non seulement deux natures (divine et humaine), mais deux personnes également. D'où le nestorianisme qui est une **hérésie typiquement christologique**.

Si en Jésus subsistent deux personnes distinctes, la conséquence logique, selon Nestorius, est que Marie est la mère de la personne humaine du Christ, à laquelle était venue se joindre du dehors, en quelque sorte, la personne divine du Verbe. Aussi, les souffrances endurées par le Christ sont imputables à sa personne humaine, et non à sa personne divine. C'est dire que, pour Nestorius et ses partisans, les souffrances du Christ n'ont pas une valeur rédemptrice. Sur la croix, Jésus a feint (fait semblant) de souffrir.

C'est le troisième concile œcuménique (D'éphèse, 431) qui condamne Nestorius et ses partisans en affirmant haut et fort qu'en Jésus il y a deux natures (divine et humaine) en une seule personne du Verbe incarné. Toujours dans ce concile fut proclamée la maternité divine de Marie (Theotokos).[50] Une autre doctrine se leva contre Nestorius ais versa encore dans l'hérésie baptisé « monophysisme »

4. Le monophysisme

C'est en fait une doctrine qui s'est levée contre Nestorius. L'auteur de cette doctrine est Eutychès. Chef d'un couvent religieux, il a prétendu que le Christ n'a qu'une seule nature qui est divine. Sa nature humaine a été absorbée par sa nature divine comme la goutte d'eau est absorbée par l'océan. La nature

[50] Cf. BITA, *Op Cit.*, p.27.

divine du Christ est immense. La nature humaine par contre est, par rapport à la première, ce qu'est ou devient le sucre dans une tasse de thé. Cette hérésie christologique a été condamnée en 451 au concile de Chalcédoine qui a défini qu'en Jésus subsistent deux natures : divine et humaine.

Pour finir ce point sur les hérésies, il est légitime qu'il y ait plus. Car ce point n'a présenté que quatre hérésies capitales. A côté de ces quatre grandes hérésies, il y a eu également d'autres hérésies. On note, en Orient, l'hérésie des Macédoniens, laquelle hérésie niait la divinité de la troisième personne de la Sainte Trinité (Saint-Esprit) : hérésie trinitaire. Contre cette hérésie se leva le concile œcuménique de Constantinople, en 381, qui ajouta au credo un article sur le Saint-Esprit : « Je crois au Saint-Esprit qui procède du Père et du Fils, avec le Père et le Fils, il reçoit même adoration et même gloire. Avec cet article, l'Eglise précisait sa doctrine pneumatologique.

Il y eut également des hérésies en Occident qui, cette fois-là, étaient relatives à la *Grâce*. La première qu'il convient de souligner est le *pélagianisme* dont l'auteur est Pélage, un moine breton. Pélage niait le péché originel et la nécessité absolue de la grâce pour agir de façon surnaturelle afin de mériter le ciel. La deuxième hérésie, qui s'inscrit dans le sillage de Pélage, est *le semi-pélagianisme* professé par des moines gaulois et africains. Ceux-ci ont soutenu que la grâce n'est pas nécessaire pour commencer à croire et à persévérer. Ces deux hérésies (le pélagianisme et le semi-pélagianisme) ont rencontré leur adversaire le plus résolu en la personne d'Augustin d'Hippone et furent condamnées respectivement au concile de Carthage (418) et au Concile d'Orange (529).

Toutes ces définitions des dogmes par l'église contrecarrant les hérésies ont conféré à l'église antique de bonnes assises quant à répandre la bonne nouvelle du Christ. Et Cela permettant le christianise a exercé une influence considérable sur la société jusqu'à celle d'aujourd'hui.

2.6. Influence salutaire du Christianisme dans la société antique et celle d'aujourd'hui

Après d'énormes hérésies sur la personne du Christ et sa nature, voirie sur la Trinité, l'église a abordé les conciles économiques qui ont aidé l'église à sortir du chao. Cela conféra à l'Église antique une influence considérable sur sa société. Cette influence de l'église continue jusqu'aujourd'hui et la rend plus équilibrée quant à prêcher l'évangile du Christ bien qu'elle d'être contienne persécutée aujourd'hui de nouvelles manières.

Certes, le christianisme antique a été beaucoup bénéfique pour la société antique, de l'intervalle de 1ère au quatrième siècle et continue de l'être même à l'heure qu'il est. En effet, la morale chrétienne a beaucoup aidé les romains à sortir de leurs mauvaises mœurs. Dans la même envolée d'idées, le Prof BITA écrit : « Durant cette période, les sujets de l'Empire se livraient à toutes sortes de vices et avaient des mœurs peu édifiantes. Contre cette dépravation des mœurs du paganisme va se lever la moralité chrétienne qui l'a voutement réprouvée et a dénoncé en même temps les folles dépenses des empereurs et de leur dignitaires ».[51]

En plus, cette même morale chrétienne manifeste son influence sur le monde actuel dépravé de bien des manières. Et cela semble laisser le Christianisme en combat perpétuel sur lequel il exerce son influence et sa morale. Mais il reste à savoir si les leçons de cette bonne morale chrétienne de l'Antiquité restent avoir des implications sur la vie des chrétiens actuels. Le christianisme a-t-il gardé son influence sur la société actuelle ?

---

[51]A. BITA, *Op Cit.*, P.12.

2.7. Conclusion

En définitive, il est crucial de réitérer les points qui ont formé l'épine dorsale de ce chapitre. Nommé « Triomphe et début de l'essor du Christianisme naissant », ce chapitre a commencé par nous retracer le triomphe de l'église sur le monde juif et romain qui l'ont persécutée a bien des égards.

Ce triomphe dont on parle, avons-nous dit, a sonné par la grâce de l'œuvre de Constantin à travers son édit de 313, nommé Edit de Milan ». Cet Édit a fait du Christianisme une religion d'Etat. En effet, devenu religion d'Etat et donc libéré de l'oppression, le Christianisme catholique, spécialement a mis à nu certains éléments de sa doctrine dont elle fait foi. A savoir, nous avons traité de l'Incarnation et de la Trinité parmi tant d'autres données de sa foi.

Toutefois, ces éléments du christianisme catholique ont subi la dure épreuve des hérésies, une nouvelle forme de persécutions qui les ont secoués sans répit. Heureusement l'église a combattu ces hérésies par des conciles qu'elle convoqua sans se lasser et produisit des dogmes ou des vérités de foi dont on ne peut que dire amen. Cela a conféré à cet essor du Christianisme une forte influence sur la société antique voire celle d'aujourd'hui.

Mais quelles sont les leçons ou les implications théologiques de ces énormes conquêtes et finalement du triomphe du Christianisme, en général, pour nous aujourd'hui ? L'Eglise du christ d'aujourd'hui a-t-elle de dignes fils qui donnent leurs vies pour ne pas renier le Christ à l'instar des martyrs et bienheureux ? En plus, ce Christianisme a-t-il cessé d'être persécuté aujourd'hui ? Son combat pour triompher sur le monde a-t-il pris fin ? Répondre à ces questions se voudra l'objet du dernier chapitre de ce travail d'histoire de l'Eglise.

CHAPITRE III LES LEÇONS THÉOLOGIQUES DES CONQUÊTES ET DE L'ESSOR DU CHRISTIANISME POUR NOUS AUJOURD'HUI

3.0. Introduction

Après un long développement du premier chapitre sur les conquêtes du Christianisme cherchant à se trouver du terrain au monde juif et gréco romain, enchainé par le deuxième chapitre qui a analysé le moment du triomphe du Christianisme sur les persécutions, mieux son essor, ce dernier chapitre quant à sa part voudrait mettre en vedette les leçons théologiques de ces conquêtes réalisées par l'église et de son essor pour nous aujourd'hui. Quelles en sont les implications ? Tel sera l'objet de ce chapitre. Dans cette lancée, l'on pourra se demander, de prime abord, si le Christianisme a cessé d'être mis en accusation ou persécuté, aujourd'hui. Chemin faisant, l'on se questionnera afin de savoir si les chrétiens défendent réellement ce christianisme qui semble être en perpétuelle accusation. Et finalement l'on va proposer l'unité de la première communauté chrétienne comme modèle voire paradigmes des chrétiens d'aujourd'hui afin qu'ils cessent de se fragiliser devant le monde par des divisions entre eux-mêmes pour qu'ils gagnent tous azimuts le monde afin de réussir une proclamation en tambour battant de l'évangile du christ au monde entier. Le terrain ainsi déblayé, quelques grandes avenues tracées dans les maquis des idées, il est temps de commencer ce dernier moment.

3.1. Le christianisme a-t-il cessé d'être en accusation ou persécutée aujourd'hui ?

Il convient de répondre par la négative à cette question. Certes, comme aux jours d'antan, le christianisme continue d'être persécuté aujourd'hui de nouvelles manières. Sa persécution par le monde est sans trêve. On se rappelle ces déclarations de haine, accusations qui ont abondé ces derniers siècles sur l'Eglise du Christ au monde. Ces persécutions viennent majoritairement des adeptes des autres églises, justement avec l'intention de perdre du crédit de l'église de Dieu.

En effet, il est légitime de signifier que ce Christianisme dont nous parlons est large. Il a beaucoup de confessions ou orientations religieuses croyantes au Christ. Mais dans ce chapitre, nous allons nous atteler plus à l'orientation catholique. Cette orientation du catholicisme semble être la plus persécutée au monde, tant par ses proches confessions religieuses issues du christianisme et finalement par d'autres églises non chrétiennes. Ce christianisme catholique est aussi beaucoup persécuté par la morale presque dépravée de ce temps de postmodernité trop libre et libéralisé-en tout et aux énormes mauvaises mœurs.

On se rappelle bien les récentes discussions du 20 siècle sur le mariage et la régulation des naissances. Craignant la démographique qui abondait à fond de train au monde alors que les ressources et les moyens économiques deviennent précaires à la disposition de l'homme, l'éthique mondiale a proposé certaines règles et lois pour limiter les naissances afin d'assurer la bonne éducation et de bonnes conditions de vie au nombre minimum d'enfants que l'on peut avoir. D'ailleurs c'est que le pape Paul VI mentionne en ces termes : « Les changements survenus sont effectivement notables et de plusieurs sortes. Il s'agit tout d'abord du rapide développement démographique. Beaucoup manifestent la crainte que la population mondiale n'augmente plus vite que les ressources à sa disposition ; il s'ensuit une inquiétude croissante pour bien des failles et pour des peuples en voie de développement, et grande est la tentation pour les autorités d'opposer à ce péril des mesures radicales. En outre, les conditions de travail et de logement, comme les exigences accrues, dans le domaine économique et dans celui de l'éducation, rendent souvent difficiles aujourd'hui la tâche d'élever convenablement un grand nombre d'enfants. »[52] Ces divers moyens proposés par cette éthique internationale n'ont pas tenu compte de la dimension de la sacralité de la vie humaine voire de la dignité de la femme car ils ont proposé même l'avortement et ses corolaires voire l'homosexualité avec toutes ses phases. Contre cela, l'église a proposé un enseignement moral contraire à cela, mettant en exergue la valeur de la vie humaine.

Proposant cela, l'Eglise par le biais du pape Paul VI en 1968, l'église a été trouvée et considérée d'ingérence au monde et de cela persécutée de bien de manières au monde. Cela veut autant dire que le Christianise continue sa persécution de nouvelles manières et son combat doit continuer. Car l'église, représentant le christ au monde devra continuer sa charge d'enseignement ou mieux d'évangélisation à travers les dénonciations de la mauvaise morale que ces siècles derniers ont adoptée. Dans la même envolée d'idées, le pape Paul VI écrit : « Aucun fidèle ne voudra nier qu'il appartient au magistère de l'Eglise d'interpréter aussi la Loi morale naturelle. Il est incontestable, en effet, comme l'ont plusieurs fois déclaré Nos Prédécesseurs, que Jésus Christ en communiquant à Pierre et aux apôtres sa divine autorité, et en les envoyant enseigner ses commandements à toutes les nations les constituait gardiens et interprètes authentiques de toute la loi morale : non seulement de la loi évangélique ais encore de la loi naturelle, expression elle aussi de la volonté de Dieu, et dont l'observation fidèle est également nécessaire au salut. Conformément à cette situation qui est la sienne, l'Eglise a toujours donné et avec plus d'ampleur à l'époque récente, un enseignement cohérent, tant sur la nature du mariage que sur le juste usage des droits conjugaux et sur les devoirs des époux. »[53]

En effet, l'Eglise est contre les nouvelles pratiques de la postmodernité et condamne avec énergie et fermeté toutes les pratiques illicites à la régulation

---

[52] Paul VI, *Encycl. Humanae Vitae*, N.2, 25 juillet 1968, p.5.

[53] *Ibid.*,N 4, p.8.

des naissances contraires à la morale de la loi naturelle et se faisant chrétienne. A propos le St père écrit : « En conformité avec ces points fondamentaux de la conception humaine et chrétienne du mariage, nous dévons encore une fois déclarer qu'est absolument à exclure, comme moyen licite de régulation des naissances, l'interruption directe du processus de génération déjà engagé, et surtout l'avortement directement voulu et procuré, même pour des raisons thérapeutiques »[54]

En effet, Jean BOISSONNAT et Christophe GRANNEC citent également les papes Jean XXIII et Jean Paul II qui constatent aussi avec regret voire amertume ce changement rapide du monde qui a réussi à dépraver presque toutes les mœurs : « L'esprit dans lequel les chrétiens doivent aborder la société du XXI siècle a été clairement défini dans l'allocution de Jean XXIII à l'ouverture du concile Vatican II: «Nos oreilles sont parfois blessées par les insinuations de certaines âmes lesquelles, bien qu inspirées par le dévouement, semblent manquer d'un certain sens de la discrétion et de la mesure. Dans les temps modernes elles ne voient que prévarication et ruine et affirment que notre époque, comparativement à celle du passé, est allée de mal pis... Pour notre part, nous ne partageons pas l'avis de ces prophètes de malheur qui n'ont de cesse d'annoncer des événements funestes, presque comme si la fin du monde menaçait ». Jean-Paul II lui-même, que l'on ne saurait soupçonner de complaisance pour l'esprit du temps, proclame sans se lasser « N'ayez pas peur. » Quant à nos frères protestants, n'est-ce pas l'un d'entre eux, le pasteur Bonhoeffer (pendu en 1945), qui déclarait : « Devant mon Dieu, vivez comme étant sans dieux, libres, adultes et responsables. » Voilà comment il faut aborder les nouveaux enjeux de société qui caractérisent ce changement de siècle. » Cette attitude de l'église contraire aux manières de faire du monde provoqua de la part du monde une haine acerbe

---

[54] *Ibid., N ° 14,* p.21.

contre l'église et qui est ipso facto est beaucoup persécutée jusqu' à l'heure qu'il est.

En outre, contre toutes les pratiques qui bannent même la dignité de la femme, l'église réaffirment cette dignité de la personne humaine, dont la femme, en ce monde ses mutations sans cesse. Dans sa lettre Apostolique mulieris dignitatem sur la dignité et la vocation de la femme, Jean Paul II écrit : « L'heure vient, l'heure est venue où la vocation de la femme accomplit en plénitude, l'heure où la vocation de la femme s'accomplit en plénitude, l'heure où la femme acquiert dans la cité une influence, un rayonnement, un pouvoir jamais atteints jusqu'ici. C'est pourquoi, en ce moment où l'humanité connaît une si profonde mutation, les femmes imprégnées de l'esprit de l'Evangile peuvent tant pour aider l'humanité à ne pas déchoir »[55]. Les paroles de ce Message résument ce qui avait déjà été exprimé par l'enseignement du Concile, notamment dans la constitution pastorale Gaudium et Spes et dans le décret sur l'apostolat des laïcs Apostolicam actuositatem. A travers cette position du Saint père, l'on sent la voix d'un chrétien qui soutient le Christ face aux dépravations du monde de l'heure qu'il est. Cette attitude de défendre l'Eglise se vit-elle dans le chef de tous les chrétiens d'aujourd'hui ? Est-ce que les chrétiens d'aujourd'hui, surtout ceux d'Afrique, savent défendre le Christ a l'instar de ceux de l'Antiquité qui en avaient même versé leur sang ? Répondre à cette question avec le modèle africain se voudra l'objet des lignes qui suivent.

3.2. Combat du Christianisme africain

3.2.1. Les martyrs noirs de l'Ouganda

Dans cette première partie de notre réflexion nous voulons nous replacer dans le contexte historique en vue de bien maîtriser autant que possible

---

[55] J. Paul II, *Lettre Apostolique Mulieris dignitatem sur la dignité et la vocation de la femme*, N.1, Ed.St Paul Afrique, 1988.

la quintessence de cette réalité. S'interdisant de nager dans les airs, le livre de Marie André intitulé Les *martyrs noirs de l'Ouganda* » publié en 1936 nous est d'une importance hors-pair.

C'est dans ce livre que l'on retrouve pour la première fois, avec une certaine ampleur, d'après les sources les plus authentiques, d'après les documents mêmes du procès de béatification, toutes les circonstances qui entourèrent la mort de ceux qui sont et demeureront la gloire de l'Eglise d'Afrique.

Il y a maintenant plus d'un siècle que l'univers catholique apprenait avec une singulière émotion, la mort héroïque de vingt-deux martyrs nègres en Ouganda. Et dans ce peuple, « beaucoup de victimes que Dieu s'était choisies tombaient pour avoir résisté jusqu'au bout aux passions d'un roi débauché »[56]. Il sied de remarquer qu'on retrouvait dans ces élus l'attitude fière et calme des chrétiens des premiers siècles : des réponses que seul l'Esprit Saint avait pu mettre sur leurs lèvres, une constance invincible dans les tourments, une résistance dédaigneuse devant les plus séduisantes promesses, enfin une patience inébranlable qui demeure incompréhensible pour leurs ennemis. En ce sens, c'est le sang de ces martyrs, c'est le courage de leurs missionnaires qui ont fondé la magnifique chrétienté de l'Ouganda, légitime fierté de l'Afrique noire et modèle des défenseurs du christ jusqu'à la mort.

Pour faciliter un bon contexte historique, faisons une petite liste des vingt-deux principaux personnages : Joseph Mukasa, Denys Sebouggwawo, Pontien ngondé, André Kaggwa, Athanase Badzekouketta, Gonzague Gonza, Mathias Mouroumba, Noé Mawaggali, Charles Lwanga , Luc Banabakintou, Jacques Bouzabalyawo, Bruno Seroukouma, Adolphe Mukasa Ludigo, Ambroise

---

[56] M. André, *Les martyrs noirs de l'Ouganda, Paris, Librairie Missionnaire, 1936, p.6.*

Kibouka, Anatole Kiriggwajjo, Achille Kiwanuka, Kizito, Mougagga, Giawira, Mbaga Tuzindé, Mukasa Kiriwawanvou, Jean-Marie Mouzeï [57]

Pour la petite histoire, le 24 février 1878 quatre jours seulement après son élection, le pape Léon XIII signa un décret de la sacrée congrégation pour la propagation de la Foi qui attribuait certaines régions aux pères blancs. Le 21 Avril de la même année 10 missionnaires quittèrent Marseille pour l'Afrique de l'Est. Ils furent reçus par le roi du Buganda, MUTESA. Ils établirent donc la mission catholique. Malgré ce zèle apostolique, les blancs remarquèrent que leur vie était menacée et la température de l'Église de l'Ouganda n'était plus rose. Ils vont alors s'exiler. Ils laissent derrière eux des baptisés et des catéchumènes. En l'absence des pères blancs, les chrétiens eux-mêmes prirent la relève et assurèrent l'avenir de l'Eglise. Après le décès du roi Mutesa, les missionnaires reviennent en 1885. Ils sont bien accueillis par le nouveau roi, MWANGA. Mais hélas, la lune de miel fut de courte durée. Ceux qui étaient opposés aux missionnaires, spécialement le premier ministre et ses partisans, parvinrent à convaincre le roi qu'il s'agissait d'une intrusion des blancs destinée à le renverser. Il se mit donc à suspecter les européens tant catholiques que anglicans et tous ceux qui les accompagnaient.

Le point névralgique des massacres qui suivront part du fait qu'un évêque anglican et sa suite furent massacrés par les sbires de Mwanga. Ce fait suscita la colère de certains chrétiens de Buganda, même au palais royal. Ils blâment le roi à cause de ce massacre. Parmi ceux qui avaient critiqué la position du souverain se trouvait Joseph Mukasa, fonctionnaire au palais et rival du premier ministre. Dans sa colère et dans sa honte, le roi ordonna son exécution. Tué le 15 Novembre 1885, il devient le premier martyr. La période qui suivra sera donc une période tumultueuse. D'où le 25 mai 1886, Mwanga revint au palais après une chasse infructueuse, on raconte alors qu'il ne trouva personne pour le

---

[57] Cf. *Ibid.,* p.6-7.

servir. Lorsqu'il apprit que le personnel était allé écouter les instructions religieuses, il entra dans une telle colère qu'il convoqua une réunion pour statuer sur le sort de ces chrétiens qui s'étaient rebellés contre lui et la royauté. L'assemblé décida alors que tous ceux qui refusaient de renier le christianisme perdraient la vie. Les pages furent invités à définir publiquement leur position devant le roi et ses notables. Ceux qui déclarèrent vouloir demeurer chrétiens furent condamnés à mort. L'endroit choisi pour l'exécution fut Namugongo à 10 kilomètres environ de la capitale. Le 3 juin 1886, 22 catholiques furent molestés au moyen de lances et de torches puis enroulés dans des nattes et jetés dans les flammes. Ils seront d'abord béatifiés par le pape Benoît XV le 6 juin 1920 et canonisés par le pape Paul VI à Rome le 18 octobre 1964.

En peu de mots, le genre narratif nous a permis de nous situer dans le contexte de l'époque, à savoir les martyrs de l'Ouganda d'hier. Comme les martyrs d'Israël face au roi Antiochus IV déclarèrent : *nous sommes prêts à mourir plutôt que de transgresser les lois de nos pères*, les martyrs de l'Ouganda étaient prêts à mourir plutôt que de renier leur profession religieuse. Cela rappelle à fond de train les énormes sacrifices consentis par les premiers chrétiens de l'Antiquité chrétienne. En effet, ce paradigme de l'Ouganda nous confirme le fait que l'Afrique défend sans trêve le christianise. Voilà le modèle par excellence de la foi africaine. Ce modèle ougandais va se répercuter autrement en RDC a travers l'assassinat, au nom de leur foi au Christ, de Isidor BAKANDJA et Anuarite NENGAPETA, aujourd'hui Bienheureux.

3.2.2. A. Nengapeta et I. Bakandja paradigmes de bons défenseurs du Christianisme jusqu'à la mort en RDC.

Isidore Bakanja et Anuarite Nengapeta sont les deux Bienheureux de la République démocratique du Congo. Mais qui sont-ils ?

3.2.2.1. Bienheureux Isidore Bakanja patron des laïcs congolais

Né en 1885, dans l'ex-province de l'Equateur en République démocratique du Congo (ex-Zaïre), Isidore Bakanja, un jeune chrétien zaïrois, est devenu depuis 1999 patron des laïcs congolais. Il était un aide-maçon qui côtoyait les missionnaires trappistes de sa localité. C'est grâce à ce contact qu'il sera instruit, puis baptisé le 6 mai 1906.

3.2.2.1.1. Appartenance au Christ

Pétri par l'esprit du travail bien fait, Bakanja est employé comme domestique chez un Belge du nom de Reynders qui l'amène successivement dans la ville de Busira et de Ikili, toujours dans sa province natale. Très apprécié pour son sens de responsabilité et la qualité de ses services, Bakanja s'emploie aussi à donner la catéchèse aux catéchumènes qu'il introduit aux bases de la foi chrétienne. Pour témoigner de son appartenance au Christ, il endosse, sans honte ni trouble au visage, son scapulaire de Notre-Dame du Mont-Carmel comportant une image et une phrase reliées par un ruban.

3.2.2.1.2. Les humiliations pour le Christ

Van Cauter, le grand chef belge, commande au jeune dévot de se débarrasser de son scapulaire et n'hésite pas à lui administrer quelques coups de fouet. Malgré la bastonnade, le jeune accepte les persécutions et garde son scapulaire et son chapelet. Cette fidélité exacerbe Monsieur Van Cauter qui, un jour, croisant Bakanja avec son scapulaire, ordonne de le faire passer à tabac à telle enseigne que les os du jeune congolais sont mis à nu. Isidore est ensuite enchaîné dans un cachot où il passe quatre jours loin de la lumière du soleil et de la nourriture.

3.2.2.1.3. La force du pardon

Monsieur Van Cauter, craignant la visite d'un inspecteur, décide de transférer le supplicié dans un village voisin. Bakanja se laisse alors tomber du camion chargé de le convoyer et sera récupéré par un bon samaritain qui l'accueille chez lui. Le 24 juillet 1909, le catéchiste reçoit la visite des prêtres trappistes qui le confessent, lui administrent l'onction des malades et la communion. Avant de mourir, il leur confie ne pas en vouloir à son bourreau. « Bien sûr qu'au ciel, je prierai pour lui », a-t-il ajouté. Il est mort le 15 Août 1909, en la solennité de l'Assomption de la Bienheureuse Vierge Marie. Le 24 avril 1994 il est béatifié par le pape Jean-Paul II lors du Synode des évêques sur l'Afrique. Sa fête liturgique est célébrée le 12 Août. Sa mort pour la cause du Christ nous rappelle les chrétiens persécutés du premier siècle. Ceci fait alors la fierté du Congo qui continue de défendre le Christianise. Bakanja n'est pas seul. Nous encore le témoignage de Anuarite Nengapeta.

3.2.2.2. Bienheureuse Anuarite Nengapeta Marie-Clémentine, Vierge et Martyre

Anuarite Clémentine Nengapeta est née à Wamba en 1939, dans une famille animiste du Zaïre. Avec sa mère, elle reçoit le baptême en 1941. A l'âge de 16 ans, la jeune Nengapeta est brûlée du désir de se faire religieuse. Elle demande de son propre chef, d'être admise au couvent malgré l'opposition de sa mère. Les sœurs la refusèrent parce qu'elle était trop jeune à l'époque.

3.2.2.2.1. Folle pour le Christ

Mais un jour, au passage d'un camion à la mission pour amener les postulantes au couvent de Bafwabaka, Anuarite profite de l'occasion et se hisse clandestinement dans le camion. Elle entre alors dans la congrégation diocésaine de la Sainte Famille à Bafwabaka dans la province orientale, au Zaïre. C'est après sa profession religieuse, qu'elle prend le nom de sœur Marie-Clémentine.

3.2.2.2.2. Ma vie pour le Christ

La sœur Marie-Clémentine se consacre à servir les autres et à leur faire plaisir. Elle avait fait le vœu de ne jamais connaître d'homme et elle voulait le même vœu pour les autres sœurs. En 1964, alors qu'éclate la rébellion dite « Simba », « les Lions », la sœur Marie-Clémentine est capturée en même temps que d'autres religieuses de sa congrégation.

Toutes les sœurs, sauf Anuarite, sont emmenées dans une maison voisine à Isiro, la « maison bleue ». Un des chefs des Simba, le colonel Ngalo, aidé par un soldat du nom de Sigbande, essaie de convaincre Anuarite de devenir sa femme. Saisie de peur mais courageuse, elle refuse catégoriquement, même après que les soldats, furieux devant ses refus répétés, l'isolent et la menacent de mort.

3.2.2.2.3. Le pardon, une force qui libère

Elle a été tuée d'un coup de lance par le chef des Simba qui avait vainement tenté d'abuser d'elle. Avant de rendre l'âme, la religieuse a dit à son assassin : « **Je te pardonne parce que tu ne sais pas ce que tu fais** ». Elle a été béatifiée par Saint Jean-Paul II le 15 août 1985, lors de sa visite au Zaïre. La Bienheureuse Anuarite a été déclarée « martyre de la pureté ». Sa fête liturgique est célébrée le 1er décembre.

Enfin, voilà encore un modèle de pureté pour le Christ. A cause de cette pureté, elle avait accepté de mourir ou de donner sa vie afin de défendre le Christ ou de témoigner de lui. Cela fait la fierté du Congo qui sait défendre le

Christianisme sans cesse aux milieux de beaucoup de persécutions dont il fait face[58].

3.2.3. Marche des chrétiens catholiques en 2O18 à Kinshasa et la nature du discours de l'épiscopat congolais, sa composante rhétorique et son modèle discursif

3.2.3.1. Les composantes rhétoriques du discours de la CENCO

A propos de composantes rhétoriques de la parole épiscopale congolaise, le Prof Ndongala nous présente, sans prétendre à l'exhaustivité, quelques composantes qui correspondent au contenu du discours (invention) et à ses figures (allocutio) à savoir les composantes éthiques (ethos), argumentatives(logos), pathétiques (pathos)ainsi que l'organisation du discours (dispositio)[59]. En effet, ces composantes rhétoriques de la parole épiscopale congolaise émanent de la doctrine sociale de l'Eglise et appartiennent au chant religieux : Ce discours caractérisé des composantes se matérialise par des : Homélie, Lettre pastorale, Mandement, Déclaration, Message, Mémorandum, Exhortation, Communiqué, Mise au point, Point de presse, Appel, pour ne citer que cela[60]. Pour réaliser cela, leurs mots ont souvent un exode (captatio benevolentiae), la narration, la confirmation et la péroraison, qui constituent d'ailleurs les quatre parties de la disposition d'un discours depuis l'Antiquité. Mais quels sont les traits distinctifs du modèle discursif de l'épiscopat congolais ? Répondre à cette question se veut l'objet des lignes qui suivent.

---

[58] *Cf. https://www.vaticannews.va,consulté 11/6/2O21 à 11h45.*

[59] Cf. I. NDONGALA Maduku, *Religion et politique en RD Congo. Marche des chrétiens et pastorales des évêques catholiques sur les élections*, Paris, Karthala,2016, p.285.

[60] *Ibid.*, p.286.

3.2.3.2. Traits distinctifs du modèle discursif de l'épiscopat congolais

Les mots de la CENCO sont toujours marqués par une dynamique persuasive particulière. En effet, parmi les traits caractéristiques de la parole épiscopale congolaise, on retient qu'elle est une rhétorique sociologique basée sur des analyses concrètes et explicites. Ils ne s'agissent pas de traités doctrinaux ni d'exposés théologiques systématiques sur les questions de la société, mais plutôt de discours à visée pastorale[61]. Cette parole sur les élections a un caractère révélateur privilégié qui recourt aux voies argumentatives du Logos, de l'ethos et du pathos. Codifiée et normée, elle mobilise comme sources de la parole de Dieu, les textes du Magistère, des principes moraux et des référents normatifs. Mise en discours du social, ...définit l'identité chrétienne, propose un vivre ensemble heureux, appuie la ferveur démocratique, dont les réactions des chrétiens pour la cause de la vérité.

3.2.3.3. Marche des chrétiens catholiques en 2O18 à Kinshasa

Cet esprit de vérité et du souci du social des évêques congolais a motivé particulièrement l'évêque de Kinshasa à faire marcher ses chrétiens pour dire non aux tentatives de glissement d'un troisième mandat de Kabila. Cette attitude d'héroïsme des chrétiens de Kinshasa a coûté la vie a beaucoup Rossy Mukendi, beaucoup d'enlèvements et blessures. C'est ce que Ignace Ndongala et Job Muana-Kitata expriment par le truchement de ces belles phrases farcies de sens et signification : « 3. Avec l'ensemble de notre peuple, nous nous inclinons devant la mémoire de nos frères et sœurs, autres martyrs de la Saint-Sylvestre, tombés lors de cette marche. Tout en saluant leur bravoure, nous les recommandons à Dieu, Père de miséricorde pour leur salut éternel.

---

[61] Cf. *Le colloque international de l'Université Catholique du Congo sur la politique et la religion*, Kinshasa, PUCC, 2018.

Que n'avons-nous pas vu ? Déjà la veille, le 20 Janvier, en pleine journée, des barrières ont été érigées pour fouiller les véhicules et vérifier l'identité des passagers. Sommes-nous dans une prison à ciel ouvert ? Comment peut-on tuer des hommes, des femmes, des enfants, jeunes et vieux scandant cantiques religieux, munis des bibles, chapelets, crucifix ? Que veut-on au juste ? Le pouvoir pour le pouvoir ou bien le pouvoir pour le développement intégral du peuple, dans la paix, la justice et la vérité. Nous voulons que règne la force de la loi et non la loi de la force.

Quant à nous, chrétiens catholiques, sans céder à la violence, inébranlables dans la Foi, agissons toujours par amour du prochain et vivons dans l'espérance joyeuse que le Seigneur ne nous abandonnera pas »

En effet, cela nous rappelle les massacres des chrétiens de l'antiquité et ceux de martyrs de l'Ouganda qui étaient obligés de ne pas vivre leur foi au Christ, liberté dont les chrétiens étaient empêchés de prévaloir ou réclamer. Cela nous laisse finalement dire que le Christianisme n'a pas éteint sa voix même en RDC et continue toujours de défendre le Christ en défendant la vérité.

Cependant, la perte de la forte unité des chrétiens d'aujourd'hui risque de faire perdre au christianisme son élan sans cesse de défendre le Christ. D'où l'unité de la première communauté des chrétiens est conseillée d'être le modèle de l'unité que doivent prévaloir les chrétiens d'aujourd'hui, dans toute leur diversité, pour gagner le combat difficile de témoigner de la mort et de la résurrection du Christ dans le monde entier et faire élire domicile le christianisme a jamais.

3.3. Unité et communion de la première communauté chrétienne, modèle des chrétiens d'aujourd'hui.

D'aucuns n'ignorent que le christianisme est l'église la plus marginalisée et combattue au monde, et cela depuis l'Antiquité jusqu'à aujourd'hui (par d'autres églises). Ainsi, pour qu'il (le christianisme) tient tête haute et gagne à fond de train son combat sans répit de se maintenir au monde et parler du Christ vivant et ressuscité, sa seule force est sa propre unité. Que les chrétiens du monde malgré leurs divergences des confessions soient unis, à l'instar de la première communauté chrétienne, leur modèle à tous et leur fondement commun et uni. C'est pour bien le dire que Jean Bernardi écrit ce qui suit :

« Si les chrétiens ont pris l'habitude de prier chaque année pour le rétablissement de leur unité, c'est qu'en 451, en 1054, au XVI siècle encore, de larges blocs de l'église sont entrés en divergences et que les héritiers de chaque lignée sont restés dans sillage initial. Si bien que les chemins se sont éloignés de plus en plus les uns des autres et que les communautés sont devenues étrangères, opaque l'une pour l'autre. Prier pour l'unité, c'est bien, mais cela risque d'être insuffisant, si on demande à Dieu de faire son travail (un miracle ?), en nous dispensant de faire le nôtre. Si nous devenons conscients de la nature des fractures qui sont intervenues, des fautes diverses qui les ont engendrées, si nous essayons de comprendre d'autres fractures encore plus anciennes et résorbées, mais qui n'étaient pas moins graves, nous aurons quelque chance d'entretenir un dialogue utile avec d'autres communautés plus ou moins séparées. En nous penchant sur une époque- les cinq premiers siècles de l'Église-qui est le bien commun de tous les chrétiens d'aujourd'hui sans exception, nous serons plus capables de retrouver nos origines communes. Surtout, nous courons moins de risques de nous laisser prendre à notre tour et à notre insu dans les mécanismes semblables »[62].

3.4. Conclusion

Ce n'est jamais de trop que de réitérer les bonnes choses. Ce faisant, il est légitime de dire que trois points ont fait l'objet de ce dernier chapitre de cette œuvre d'histoire de l'Eglise. Dans le premier point, nous nous sommes questionnés si à l'heure qu'il est le christianisme a cessé d'être persécuté. Mieux, on s'est demandé s'il a cessé sa perpétuellement lutte pour se maintenir dans ce monde qui le déteste sans sine fine. Nous avons répondu par la négative et avons affirmé, sans canular ni tartufferie et sans ménager aucun mot que le Christianisme demeure la religion la plus persécutée au Monde. Cela s'entend, il continue sa lutte pour gagner le monde.

Dans cette lancée, au deuxième moment de ce chapitre, nous avons montré que ce combat du christianisme continue jusqu' en Afrique voire en RDC, d'où le combat du Christianisme africain. Ici, nous avons mis en vedette la bravoure de martyrs noirs de l'Ouganda qui ont défendu le Christianisme jusqu'à à la mort, les martyrs de Anuarite Nengapeta et Isidore Bakanja qui ont témoigné du Christ jusqu'au sacrifice suprême. Finalement nous avons montré le sacrifice pour le Christ des chrétiens de Kinshasa lors des marchés de 2018. Ils ont versé leur sang pour la cause de la vérité de l'accord de St. Sylvestre. Mais nous avons finalement montré que ce combat du christianisme n'est pas encore clos car le christianisme est sans cesse persécuté et cette persécution s'accentue par les divisions au sein du christianisme lui-même et le fragile. D'où l'unité des chrétiens de toutes les confessions religieuses issues du christianisme est indispensable

[62] J. Bernardi, *Op Cit. p.14-15.*

pour que le christianisme demeure la tête haute qu'à témoignage du Christ vivant. Le modèle de l'unité des premiers chrétiens est un paradigme digne à imiter.

Conclusion générale

Finalement, nous jugeons opportun de réitérer les principales articulations qui ont formé l'objet de cet ouvrage et d'en rappeler l'intérêt. En un mot, un écrit sur le passé du Christianisme mieux de l'Église se veut d'une nécessité hors pair pour tous les chrétiens. Car ça nous fait revivre le passé de l'Eglise, ses conquêtes antiques, son triomphe et enfin le regard qu'on peut y porter et surtout les leçons que l'on peut en tirer pour nous aujourd'hui. Pour étayer cela, trois chapitres avaient formé son épine dorsale. Le premier chapitre nommé Conquêtes de l'Eglise aux quatre premiers siècles nous a rappelé les combats qu'à menés l'Eglise antique pour se maintenir. Tant dans les mondes juif, grec que romain, le christianisme s'est cherché des racines. Cela lui a valu des persécutions énormes depuis Jérusalem jusqu'à à leur pinacle à Rome où les deux colonnes de l'église sont mortes : Pierre et Paul. Mais finalement l'Eglise obtient sa liberté par l'édit de Milan de Constantin. Cela a constitué le point d'orgue du deuxième chapitre de ce travail d'histoire.

Nommé "Triomphe et début de l'essor du Christianisme", ce deuxième chapitre nous a mis en lumière la liberté de l'église par l'action bienveillante de l'empereur Constantin en 313 : C'est l'édit de Milan conférant au christianisme naissant beaucoup de privilèges tous azimuts. Ainsi, devenu libre, ce christianisme, surtout dans son option catholique a révélé au monde les éléments de sa doctrine. Dans ce chapitre, nous avons mis en vedette certains de ces éléments : La doctrine de l'incarnation, la Sainte Trinité... Cependant ces éléments de la foi catholique ont été mis en mal par diverses hérésies, nouvelles persécutions, qui les ont secoués sans vergogne ni répit. Mais heureusement les divers Conciles convoqués par l'église ont affirmé à voix haute ces éléments de la doctrine chrétienne catholique dont on dit CREDO jusqu'à aujourd'hui. Mais quelles sont les leçons théologiques de ces combats et triomphe du christianisme pour nous aujourd'hui ? Telle est la question que s'est posée le dernier chapitre de ce travail d'histoire.

Nommé "Leçons théologiques des conquêtes et de l'essor du christianisme nous aujourd'hui", ce chapitre s'est, de prime abord, interrogé si le Christianisme a cessé d'être persécuté aujourd'hui. Les chrétiens ont-ils cessé de défendre le Christ à l'heure qu'il est ? Nous avons répondu par un "non" disant que le combat pour témoigner du Christ est perpétuel car les chrétiens sont toujours marginalisés au monde. Ce combat se vit même en Afrique, en RDC où les martyrs de l'Ouganda, Isidore Bakanja, Anuarite Nengapeta voire les chrétiens catholiques de Kinshasa lors des marches en 2018, ont témoigné du Christ jusqu'au Sacrifice suprême. C'est le triomphe du Christ.

Cependant, avons-nous dit, le Christianisme continue d'être secoué jusqu'à aujourd'hui par diverses d'autres critiques, railleries et injures. Et cela est accentué davantage parce que les chrétiens deviennent divisés en différentes confessions. Ainsi, pour que le Christianisme maintienne son loyal combat de défendre le Christ jusqu'au bout, l'unité des chrétiens, à l'instar de l'unité des premiers chrétiens, est indispensable. Que les chrétiens, malgré leur démarcation actuelle, vivent tant soit peu leur communion d'autres fois, leur unité issue de la première communauté des chrétiens où tout se faisait ensemble. Cela va les aider à redevenir unis ne fut- ce que partiellement et ils peuvent défendre le Christ au milieu de ce monde devenu de plus en plus anti-Christ par la mauvaise morale post moderne où les antivaleurs sont devenues valeurs.

Pour finir, il se veut crucial de réitérer, qu'une méthode analytique nous a aidé à analyser *l'histoire de l'église* de Dom Guy Marie Oury et les *Premiers siècles de l'église* de Jean Bernardi. Ce procédé a eu trois niveaux selon le schéma de la méthode de l'école théologique de Kinshasa (Universite Catholique du Congo). Ainsi, nous avons analysé d'abord ce que ces auteurs cités nous disent du passé de l'Eglise, selon leur contexte. Ensuite, avons décontextualisé ce contexte de l'auteur en l'appuyant par d'autres sources qui appuient justement ce contexte. Enfin, nous avons cherché à voir les implications de ce contexte d'histoire d'Eglise pour nous aujourd'hui. C'est-à-dire nous sommes arrivés à appliquer ce contexte du passé de l'Eglise dans l'Eglise d'aujourd'hui pour voir si les chrétiens d'aujourd'hui peuvent encore témoigner du Christ jusqu'au sacrifice suprême comme des chrétiens de l'Antiquité.

Bibliographie générale

I. Ouvrages de base

1. OURY Dom G-M., *histoire de l'église*, Solesmes, Abbaye saint pierre Solesmes, 1978.
2. BERNARDI Jean, *Les premiers siècles de l'Église*. Paris, cerf, 1987.

II. Autres ouvrages

1. ANDRE Marie, *Les martyrs noirs de l'Ouganda*, Paris, Librairie Missionnaire, 1936.
2. NTEDIKA KONDE J., La théologie au service des Églises d'Afrique, dans *RAT 1* (1977).
3. SANTEDI, Quelques déplacements récents dans la pratique des théologies contextuelles. L'inculturation comme orthopraxie chrétienne et l'inventivité, dans *RTL*, n° 34, 2003.
4. TSHIBANGU TSHISHIKU (Mgr), Cheminement personnel et voies de la théologie africaine, dans *Théologie africaine. Bilan et perspectives. Actes de la XVIIème Semaine théologique de Kinshasa du 2 au 8 avril 1989.* Kinshasa, Facultés Catholiques de Kinshasa, 1989.
5. ROGIER, L.-J. Nouvelle *Histoire de l'Eglise*. Paris, Seuil, 1963.
6. *La Bible de Jérusalem*, Paris, Cerf/Verbu*m* Bible, 1988, 1575.
7. Le concile de Jérusale*m en 49.*
8. BITA LIHUN Ngandu A., *Cours de l'histoire de l'Antiquité et Moyen Age chrétiens*, inédit, kin, UCC,2O18-2O19.

9. BAKINGELA Kasonga, *Quelques malentendus autour de la doctrine de l'Incarnation. Kinshasa, Médiaspaul, 2013.*

10. *Credo de Nicée Constantinople,* 325.

11. *Profession de foi des Apôtres.*

12. *La bible de Jérusalem,* Paris, Cerf-Verbum Bible, 1988

13. REY O., *Une question de taille*, Paris, Stock, 2O14

14. NDONGALA MADUKU Ignace, *Religion et politique en RD Congo. Marche des chrétiens et pastorales des évêques catholiques sur les élections*, Paris, Karthala, 2016.

15. Ndongala Ignace et Muana-Kitata Jean, *Mots pour les maux du Congo. Le discours sociopolitique de Laurent Cardinal Monsengwo Pasinya*, Paris, Harmattan, 2021.

III. Dictionnaires

1. *Wikitionnaire disponible sous licence CC BY-SA 3.0.*

IV. Webographie

1. www.ressourceschretien unes.com, *29 Janvier 21 à 1Oh*

2. *https://www.vaticannews.va,consulté 11/6/2O21 à 11h45*

V. Encycliques

1. Paul VI, *Encycl. Humanae Vitae*, N.2, 25 juillet 1968.

2. Jean Paul II, *Lettre Apostolique Mulieris dignitatem sur la dignité et la vocation de la fe*mme, N.1, Ed. St Paul Afrique, 1988.

Table des matières

Printed by Books on Demand GmbH, Norderstedt / Germany